꽃도 반창고가 필요하다

누구나 마음에 많은 문장부호를 찍는다.
그 안에 담긴 뉘앙스를 이해할 때,
보이지 않던 마음이 온전히 보이게 된다.

꽃도 반창고가 필요하다

초판 1쇄 발행 2025년 10월 01일

지은이 박용신
펴낸이 장현수
펴낸곳 메이킹북스
출판등록 제 2019-000010호

디자인 홍규선
편집 홍규선
교정 안지은
마케팅 김소형

주소 서울특별시 구로구 경인로 661, 핀포인트타워 912-914호
전화 02-2135-5086
팩스 02-2135-5087
이메일 making_books@naver.com
홈페이지 www.makingbooks.co.kr

ISBN 979-11-6791-755-3(03810)
값 16,700원

ⓒ 박용신 2025 Printed in Korea

잘못된 책은 구입하신 곳에서 바꾸어 드립니다.
이 책의 전부 또는 일부 내용을 재사용하려면 사전에 저작권자와 펴낸곳의 동의를 받아야 합니다.

본 도서는 충청남도, 충남문화관광재단의 후원으로 발간되었습니다.

홈페이지 바로가기

메이킹북스는 저자님의 소중한 투고 원고를 기다립니다.
출간에 대한 관심이 있으신 분은 making_books@naver.com으로 보내 주세요.

꽃도 반창고가 필요하다

박용신 수필집

누구나 마음에 많은 문장부호를 찍는다.
그 안에 담긴 뉘앙스를 이해할 때,
보이지 않던 마음이 온전히 보이게 된다.

메이킹북스

여는 글

문장의 뉘앙스, 마음의 문장부호

① 평온한 하루 보내세요.
② 평온한 하루 보내세요
③ 평온한 하루 보내세요~
④ 평온한 하루 보내세요^^

　　카톡이나 문자메시지에 문장을 작성하고 마지막에 망설인다. 질문이라면 망설임 없이 물음표를 찍는다. 그러나 마침표를 찍어야 하는 상황에서는 고민하게 된다. 상황과 대상에 따라 사지선다형으로 답을 찾아간다. 네 번째 '^^ 웃음'은 소거 대상 1순위, 거의 쓰지 않는다. '~ 물결'은 사용하는 데 다소 편해졌지만, 그래도 잠시 보류. 이제 확률은 50%. 내 마음속의 정답은 늘 첫 번째 '. 마침표'이지만, 엄정한 느낌이 든다. 마침표 없는 두 번째 문장으로 보내는 게 무난하지만, 무언가 끝내지 못한 찜찜함이 있다. 예전에는 고민 없이 마침표를 찍었다. 이것이 당연하니까. 이런 당연함에 제동이 걸리는 일이 있었다.

오래전 이란성 쌍둥이 남매를 수업하던 중에 여자아이가 수줍게 말을 건넸다.

"지난번에 시간 옮기느라 선생님과 문자를 주고받는데 친구가 옆에 있었거든요, 그 친구가 선생님 화나셨냐고 물었어요. 아니라고 말했는데 선생님 문자의 마지막에 '~물결'이 아니라 '. 마침표'라서 화나셨다고 생각했대요."

"지금은 아니라는 걸 알지만, 저도 처음에 선생님 문자를 받고 마침표 때문에 화나셨다고 생각했어요." 남자아이가 말을 보탰다.

"그랬니? 너네는 마침표를 그렇게 해석하는구나. 나의 마침표는 '알겠어~'를 의미하는 거야."

변명 아닌 변명으로 대화를 마무리했다. 아이들이 마침표를 정색正色으로 받아들일 거라고는 상상하지 못했다. 그럼 다른 사람들도 그렇게 생각할까?

그날 이후로 학생들과 가족에게 보내는 문장의 마지막에는 웬만하면 마침표 대신 물결을 보낸다. 그렇지만 대상이 누구냐에 따라 메시지를 보내기 전에 고민하게 된다.

문장 끝에 '^^'이 찍힌 메시지를 받으면, 보내는 사람의 웃는 표정이 연상되기는 한다. 어쩌면 그 사람에게 '^^'이 나의 마침표처럼 일반적으로 문장을 끝내는 부호일지도 모른다. 그럼에도 더 다정하게 느껴지는 것은 사실이다. 그렇지만 내게 '^^'을 찍는 것은 누군가를 '언니'라는 호칭으로 부르는 것처럼 어렵고 어색하다.

대학 때, 나는 꼬박꼬박 선배라고 부르지만, 후배들이 '언니'라고 부르면, 더 다감하고 다정하게 느껴졌다. 한 학번 후배 중에서 나를 '선배님'으로 부르는 A와 '언니'라고 부르는 B가 있었다. 둘은 누가 보더라도 성향이 달랐다. A는 고양이처럼 격식을 차리며 어느 정도의 거리를 유지했고, B는 강아지처럼 거리낌 없이 다가왔다. 먼저 친해진 것은 A였지만, 시간이 지나면서 늘 주위를 맴도는 B와 더 많은 대화를 나눴다.

나는 A가 혼자서도 의연毅然한 아이라고 생각했다. 어느 날 A가 찾아와서 자신의 이런저런 고민을 털어놓았다. 마지막에는 자신이 B와 같은 살가운 성격이 아니라서 사람들에게 다정하게 다가가지 못한다며 눈물을 흘렸다. 내가 자신보다 B와 더 친해진 것 같아서 속상하다는 뉘앙스를 내비쳤다. 그동안 A의 마음을 알지 못해서 미안했지만, 갑작스럽게 진심을 드러내는 A가 당황스럽기도 했다.

한번은 영어 회화에서 자신의 이상형에 대해 말하는 시간이 있었다. 내 이상형의 첫 번째 조건은 말하지 않아도, 눈빛만 보아도 내 마음을 아는 사람이라고 말했다. 내 대답이 이심전심以心傳心처럼 무척 낭만적이라고 자신했다. 그러나 외국인 교수의 반문에 이상형이 산산조각이 났다.

"Do you mean you want a mind reader?"

나의 이상형이 독심술사로 정의되는 순간 이상과 현실의 경계가 확연히 드러났다. 어찌 보면 교수의 한마디가 정확한 표현일 수 있지만, 왠지 내 이상형이 점성술사나 수정 구슬로 미래를 보는 주술사처럼 느껴졌다. 내 마음을 알아달라는 것과 내 미래를 알려달라는 것이 무엇이 다른지 혼란스러웠다. 어떤 내색도 보이지 않다가 상대가 몰라준다고 불평하거나 우울해하는 것은 어느 면에서 본인과 상대방 둘 다에게 가혹한 일이다. 말하지 않아도 마음을 알아준다면 고마운 일이지 당연한 것이 아니다. 결국 나도 후배와 같은 부류의 사람이라는 것을 알았다.

'^^'과 '.'는 겉모습과 속마음 사이에서 고민하던 그 후배를 떠올리게 한다. 또한 마침표에 웃음이 묻어 있다고 상대가 느끼기를 바라는 표현하지 않는 나의 마음이다.

욘 포세의 소설 『아침 그리고 저녁』에는 쉼표와 물음표는 있지만, 마침표가 거의 없다. 생의 시작과 탄생을 뜻하는 아침, 생의 마무리와 죽음을 의미하는 저녁. 이야기를 따라가다 보면 생의 시작도 끝도 정확하게 마침표로 찍히지 않는다. 이승의 마감은 저승으로의 출발을 의미한다. 이 책에서 문장부호가 어떤 의미인지는 독자의 이해에 달려 있다. 다만 저자는 생사의 모호한 경계에서 등장인물이 삶을 돌아보고 실체를 찾는 과정을 쉼표와 물음표로 그리지 않았을까? 몇 안 되는 마침표는 '삶에서 단정적으로 매듭지을 수 있는 일이 많지 않다.'는 사실을 의미하는 것은 아닐까?

오늘 하루도 마음에 많은 문장부호를 찍었지만, 막상 사용한 문장부호는 단순하다. 그 단순한 문장부호를 상대가 잘 수신하기를 바라게 된다. 욘 포세의 소설처럼 같은 문장부호라도 사람마다 상황에 따라 다르게 해석하고 읽힌다. 나의 느낌표가 누군가에게는 물음표로 여겨질 수 있다. 나는 쉼표를 찍었지만, 상대는 마침표를 찍었다고 느낄 수 있다.

    많은 말과 문장 사이에서 연결하든 종결짓든 문장부호의 뉘앙스가 지금, 이 순간을 따뜻하게 했으면 한다. 책에 쓰인 무수히 많은 마침표가 그냥 점이 아니라 꽃씨 하나였으면 한다. 오래 지나지 않아 싹이 트고, 자라서 언젠가 꽃이 피었으면 한다. 그 꽃이 오늘 하루를 평온하게 하길 바란다.

2025년 푸르른 날에
박용신

목차

여는 글
문장의 뉘앙스, 마음의 문장부호 ·· 4
    샵 # ·· 14

1부 케렌시아를 만나다
시간은 쌓인다 ·· 17
봄의 인사 ·· 21
호주머니 같은 사람 ·· 26
    쉼표 , ·· 30
케렌시아를 만나다 ·· 31
장미 터널을 거닐며 ·· 36
걸어야만 보이는 것들 ·· 40
    느낌표 ! ·· 44
꽃도 반창고가 필요하다 ·· 45
살구꽃이 피면 ·· 49
원 플러스 원 ·· 53
공간의 속삭임 ·· 58

2부 그리움이 노을처럼 물들면

작별 인사 ··· 65
그리움이 노을처럼 물들면 ····················· 69
목요일의 전화 ··· 74
    골뱅이 @ ··· 78
할머니의 그림자 ····································· 80
코스모스가 있는 풍경 ···························· 84
고양이의 애도 ··· 88
    물음표? ··· 92
소리가 사라졌다 ····································· 93
한여름의 꿈 ··· 97
미치지 못할지라도 ································ 102
엄마라는 이름으로 ································ 106

3부 아주 우연한 행복

책에 기대어 113
인생 습작 117
봄날의 합창 121
   큰따옴표 " " 126
아주 우연한 행복 127
사랑의 책 132
O가 있는 자유 137
   작은따옴표 ' ' 141
삶의 이정표 142
마지막 선물 147
   말없음표 …… 152
플레이 리스트 153
흰색과 검은색의 거리 157

4부 열무의 계절

냉동실 안의 붕어빵 ... 165
아버지의 병문안 ... 170
아이스크림의 예감 ... 175
   마침표 . 。 ... 180
열무의 계절 ... 181
미역국 한 그릇 ... 186
은행에 맺힌 사랑 ... 191
   앰퍼샌드 & ... 196
새콤하고 달콤하게 ... 197
데칼코마니 ... 202

닫는 글

사진 한 장의 뉘앙스 ... 207

샵

너에게 닿아 있는 마음

김소월의 「초혼」을 읽을 때마다
윤동주의 「별 헤는 밤」을 떠올릴 때마다
시 곳곳에 해시 태그를 달아주고 싶다.
시인의 간절한 마음이 그곳에 닿을 수 있도록.

    사랑하던 그 #사람이여!
    사랑하던 그 #사람이여!

    별 하나에 #시와
    별 하나에 #어머니, #어머니,

1부 케렌시아를 만나다

책을 읽다 종종 고개를 돌려 보면 모래가 약간 남았거나 어느새 텅 비어 있다. 그러나 비워진 만큼 바닥에 쌓여 있다. 마음이 집중한 만큼 시간도 농축되었다. 시간은 사라진 게 아니라 흐른 만큼 쌓였다. 지나간 시간은 내게서 멀어진 것이 아니라 내게 와 있었다. 쌓인 시간만큼 내 시간의 부피와 무게가 늘었다. 모래시계를 다시 뒤집는다. 차르륵. 시간이 내게로 달려오고 있다.

시간은 쌓인다

집들이 선물로 가장 눈에 띈 것은 다양한 종류의 시계였다. 아버지는 괘종시계를 좋아하셨고, 할머니는 뻐꾸기시계에 마음을 사로잡혔다. 거실 벽에는 커다란 원형 시계가 걸렸고, 거실 한쪽 구석에는 대형 괘종시계가 놓였다. 할머니 방에는 뻐꾸기시계가 걸렸다. 할머니는 뻐꾸기시계에 대한 애정과 호기심이 남달랐다. 뻐꾸기가 시간에 맞춰 문을 열고 나와서 뻐꾹뻐꾹 울 때마다 할머니는 무척이나 신기해했다. 할머니 방에 애완용 뻐꾸기 하나를 들여놓은 듯했다. 할머니는 거실에 계시다가도 시간이 되면 방에 가서 뻐꾸기를 감상했다.

처음에는 나쁘지 않았지만, 점차 밤낮으로 땡땡땡, 뻐꾹뻐꾹 울어대는 소리가 불협화음처럼 느껴졌다. 밤에 어쩌다 울리는 소리에 깨면 다시 잠들기가 쉽지 않았다. 귀가 예민해서 우리 방의 시계는 건전지를 빼고 걸어놓다가 아예 치

워버렸다. 나중에 괘종시계의 추는 떼어내고 시간을 알리는 태엽은 감지 않았지만, 뻐꾸기 울음만은 멈출 수 없었다.
　어느 날 뻐꾸기가 집에서 나왔다가 들어가지 않고 멈춰버렸다. 시계점에서 수리받았으나 얼마 지나지 않아 다시 고장이 났다. 할머니는 단순히 시계가 아니라 반려동물을 잃은 것처럼 낙심하셨다. 소리를 잃고 움직이지 않는 뻐꾸기 시계는 오랫동안 할머니 방에 머물렀다.
　그 시절의 내게 시간은 집 안 곳곳에 흩어져 있는 시계처럼 혼란스럽게 흘렀다. 정답은 하나지만, 제각각 움직이는 시계처럼 늘 오답을 갖고 사는 기분이었다. 삶은 제대로 맞물려 돌아가지 않아 삐그덕거리는 톱니바퀴 같았다. 어느 때는 내가 의도적으로 멈추었지만, 어떤 때는 예기치 않은 일이 나를 가로막았다. 그럼에도 오늘은 내일에 떠밀려 끊임없이 흘러갔다.

　독립한 이후에 집에 벽걸이 시계는 없었다. 대학 때부터 사용하던 노란 알람시계가 거실 책장 위에 놓였을 뿐이었다. 스마트폰의 알림 기능을 사용한 뒤로 알람시계는 한 번도 울린 적이 없고 울릴 일도 없었다. 스마트폰이 있지만, 항상 손목에 시계를 차고 있어야 마음이 놓였다. 시간을 늘 확인하고 얼마나 지났는지 알아야 했다.
　정신없이 하루, 일주일, 한 달을 지내다 보면 어느새 해가 바뀌었다. 쳇바퀴 안의 다람쥐처럼 시간은 손목시계 안에서 돌고 또 돌고 앞으로 나아가지 못했다. 플래너에 일정을 빼곡히 적어놓으면 시간은 슬라이드처럼 스쳐 지나갔다. 무수히 켜졌다가 꺼진 알람. 일정을 알리는 알림. 터치한 번으로 모든 것이 멈추었다가 다시 시작되었다. 시간은 알림과 알림 사이로 나뉘고 쪼개져 손에 꽉 쥐면 빠져나가는 모래알 같았다. 시간은 그렇게 빠져나가 사라져갔다.

어느 해 크리스마스, 집 앞에 선물을 놓고 갔다는 학생의 문자를 보고 현관문을 열었을 때 쇼핑백 하나가 놓여 있었다. 그 안에 파란 원통형 상자가 있었다. 원통형 상자에는 소행성 B612에 서서 별을 바라보는 어린 왕자와 장미가 그려져 있었다. 상자를 열었을 때 어린 왕자가 그려진 모래시계가 보였다. 투명한 용기에 하늘색 모래가 담긴 모래시계에 작은 탄성이 터졌다. 그렇지만 쓰임새를 찾지 못해 다시 통에 넣었다. 그 뒤로 모래시계는 어두운 통 속에서 존재를 드러내지 못했다. 한동안 원통형의 어린 왕자 그림을 보는 것만으로 충분했다.

시간이 흐르면서 선물한 학생에게 미안함이 밀려왔다. 시계는 단순한 물건을 넘어 시간을 선물한다는 의미이다. 그런 의미에서 모래시계 역시 시간을 담고 있다. 그런 시간을 어둠 속에 가두는 것이 편치 않았다.

30분짜리 모래시계를 어떤 용도로 쓰면 좋을까?
잠을 깊게 들지 못하고 자주 깨는 습관이 있어서 새벽에 깨면 벽에 기대어 책을 읽곤 한다. 모래시계를 침대 머리

맡에 놓고 독서 시계로 삼았다. 책을 읽기 전에 모래시계를 뒤집는다. 한 치의 망설임도 없이 하늘색 모래가 흐른다. 모래가 유리 바닥에 부딪혀 소리를 낸다. 미지의 세계로 들어가는 시간에 보내는 응원의 소리이다. 바닥을 다 채우고 나서야 소리는 잦아든다. 쌓인 모래 위로 모래가 내려앉는다. 시간 위로 시간이 떨어지고 있다.

　책을 읽다 종종 고개를 돌려 보면 모래가 약간 남았거나 어느새 텅 비어 있다. 그러나 비워진 만큼 바닥에 쌓여 있다. 마음이 집중한 만큼 시간도 농축되었다. 시간은 사라진 게 아니라 흐른 만큼 쌓였다. 지나간 시간은 내게서 멀어진 것이 아니라 내게 와 있었다. 쌓인 시간만큼 내 시간의 부피와 무게가 늘었다. 모래시계를 다시 뒤집는다. 차르륵. 시간이 내게로 달려오고 있다.

　과거를 돌이켜보면 시간은 하염없이 흐르고 흐른다고 생각했다. 모래사장에 물이 흐른 흔적을 남기듯 시간은 피부에 주름과 마음에 앙금을 남기고 흘렀다고 여겼다. 오랫동안 시간의 그림자만 보느라 시간의 실체를 알아채지 못했다. 모래시계는 시간은 흐르면서 쌓인다는 것을 말해 주었다. 모래시계는 쌓인 시간이 현재의 나라는 것을 말하고 있다.

봄의 인사

봄입니다.

꽃이 피니 봄일까요, 봄이 오니 꽃이 피는 걸까요? 누군가는 코끝에 스치는 바람의 온도로 봄을 느낍니다. 저는 나비나 벌이 날고 있는 것을 볼 때, 봄을 실감합니다. 그렇지만 올해는 꽃이 피니 봄이 왔다고 말하고 싶습니다.

베란다에 있는 제라늄이 꽃대를 네 개나 내밀었습니다. 그 중 한 꽃대에서 꽃망울을 터뜨려 붉은 꽃을 드러냈습니다. 제라늄에 꽃이 핀 것이 뭐가 별일이라고 유난을 떨까 하는 분도 계시겠지요? 지난여름 무더위와 겨울의 추위를 견딘 제라늄을 지켜본 저로서는 꽃을 피우는 일이 얼마나 대견하고 대단한지 감탄하지 않을 수 없습니다.

몇 해 전에 지인이 정성껏 키운 화분을 주고 싶어 하셨습니다. 화분을 받으러 댁에 올라가니 지인께서 장미허브

1부 케렌시아를 만나다

이외에도 외목으로 키운 제라늄과 단풍제라늄을 더불어 건네셨습니다. 기쁜 마음과는 별개로 식물을 기르는 데 소질이 없는 저는 화분을 든 손보다 마음이 더 무거웠습니다. 제가 할 수 있는 최선은 환기와 햇빛, 물 주는 날짜를 적어놓고 살피는 거였습니다. 이런 정도의 관심은 장미허브에게는 턱없이 부족했나 봅니다. 두 해를 지나지 못하고 곁을 떠났습니다.

지인께 미안한 마음이 들어서 제라늄과 단풍제라늄이라도 잘 지켜내리라 다짐했지만, 이것도 제 의지와는 무관한 일이었습니다. 단풍제라늄은 한 화분에 두 포기가 대칭으로 심겨 있었습니다. 그중 한 포기는 일찌감치 생을 다했고, 남은 하나가 그럭저럭 꽃을 피웠습니다. 재작년 봄에 키가 너무 자란 제라늄은 분갈이한 후에, 줄기를 잘라 삽목하였습니다. 움터서 자라던 제라늄 하나만 싱싱하고 삽목한 것들은 시름시름 앓았습니다. 삽목을 섣부르게 했나 후회했지만, 이미 지나간 일이라 되돌릴 수 없었습니다. 결국 남은 하나만 넓은 공간에서 쑥쑥 자라며 시시때때로 꽃을 피웠습니다. 화분 전체가 붉은색으로 물들어 베란다를 환하게 밝혔습니다.

지난여름은 여느 여름보다 무더웠습니다. 온실이었던 베란다는 불가마를 품은 사우나실로 변했습니다. 게다가 태울 듯한 태양의 열기는 제라늄의 잎사귀를 가장자리부터 갈색으로 마르게 했습니다. 돋아나는 새잎도 크지 못한 채

말라 버렸습니다. 시든 잎을 하나둘 정리하다 보니 일곱 개의 줄기가 앙상해졌습니다. 꼭대기에 여린 싹만 남은 제라늄은 까치집을 달고 있는 한겨울의 나목 같았습니다. 한여름에 한겨울의 풍경은 무척이나 낯설고 삭막함을 배가시켰습니다. 뜨거운 태양 아래 빈 둥지를 지키는 제라늄이 곧 생의 의지를 놓아버릴 것 같아 장소를 옮겼으나 이미 늦은 걸까요? 눈에 뜨이는 변화를 보이지 않았습니다.

무더운 여름이 지나고 잎이 하나둘 나왔으나 여전히 온전히 크지 못하고 갈색으로 변했습니다. 그럼에도 무던히 줄기에 싹을 틔웠습니다. 나였다면 성과 없이 끝나는 일에 진즉에 포기하고 제자리에서 멈췄을지 모릅니다. 그러나 제라늄은 포기하지 않고 겨울을 맞이하였습니다. 여린 잎을 달고 겨울을 나는 제라늄은 백의종군하는 장수의 결의를 보였습니다. 그런 결의를 꺾은 것은 저의 불찰이었습니다. 밤이 되면 늘 신문지나 보자기로 덮어 주었는데 어느 밤 지나치고 말았습니다. 일은 늘 연달아서 일어나기 마련이라지요. 하필 그날 새벽이 가장 추운 날이었습니다. 아침에 베란다로 나가보니 잎이 얼어서 축 늘어져 있었습니다. 혹시 해가 뜨면 기운을 차릴까 기대했지만, 그런 기적은 일어나지 않았습니다. 언 잎을 정리하니 다시 나목처럼 변했습니다. 이 정도의 추위도 견디지 못하느냐고 속상한 마음에 푸념을 늘어놓기도 했습니다만, 사실 나의 실수를 자책하는 말이었습니다.

차마 힘을 내라고 말하기 어려워서 "너 이제 포기한 거야?"라고 제라늄을 볼 때마다 묻곤 했습니다. 어느 날 작은 싹이 돋아났습니다. 줄기마다 하나둘씩 나오는 싹은 생명의 숙연함과 의연함의 표상처럼 느껴졌습니다. 최근에 그 어디에서도 느끼지 못한 감동과 희망을 제라늄에게서 보았습니다. 의심하지 않고 자신의 자리에서 꾸준히 해내는 모습이 얼마나 아름다운지를 바로 눈앞에서 확인했습니다.

여전히 빈약한 이파리를 달고 있는 제라늄에게 꽃은 기대하지 않았습니다. 꽃까지 바라는 것은 지나친 욕심이라고 생각했습니다. 그런데 자세히 보니 꽃대 하나가 보였습니다. 시간이 지날수록 여기저기에서 꽃대가 나왔습니다. 제가 또 실수했나 봅니다. 서둘러 판단하고 기대와 희망을 낮추고 쉬운 위로와 위안에 만족하려 했던 걸까요?

드디어 꽃망울이 터져 붉은 꽃을 드러냈습니다. 이것이 봄이 아니면 무엇이 봄일까요? 이것이 생명의 원동력이 아니라고 말할 수 있을까요? 계절과 상관없이 이런 순간을 봄이라고 명명하고 싶어졌습니다. '꽃이 피는 것은 인간을 기쁘게 하기 위해서가 아니다. 식물은 그저 자기 본연의 임무에 충실한 것이다.' 누군가가 이렇게 말했습니다. 사실이 그렇다 하더라도 힘든 역경을 뚫고 꽃을 피우고 열매를 맺는 식물에 감동을 받고 생의 의지를 발견한다고 본뜻이 훼손되는 걸까요?

인간은 의미를 찾고 해석하며 살아가는 존재라고 생각합니다. 자기 합리화를 위해 억지 논리를 펼치는 것이 아닙니다. 삶의 부족한 부분을 보듬으며 그 과정에서 희망을 찾는 것이 필요하지 않을까요? 전면에 본연의 의무와 임무가 있지만, 그 이면에 담겨 있는 의미를 발견하는 것이 살아가는 묘미라고 생각합니다.

제라늄이 꽃대를 올리고 꽃망울을 터트리는 순간 봄이 제게 인사하였습니다. 네, 제게는 그 순간이 봄이었습니다. 여전히 앙상한 제라늄 줄기를 보면 안쓰럽습니다. 혹시 이것이 마지막으로 쏟아낸 힘과 용기의 절정일까 두렵습니다. 그래서 더욱 반갑게 인사하고 고마운 마음을 전합니다. 자신의 삶을 충실히 살아가고 있는 제라늄에게 봄의 안부를 묻습니다.

#호주머니 같은 사람

 이제는 중견으로 자리 잡은 한 배우가 연기를 시작할 때 가장 힘들었던 일화를 방송에서 들려주었다. 그는 손을 어디에 둬야 할지 무척 난감했다고 한다. 단순히 걷는 연기였는데 팔의 움직임과 손의 위치가 어색해서 여러 번 NG를 냈고, 지금도 손 연기는 어렵다고 했다.
 사실 그런 고충은 연기에서만이 아니라 실생활에서도 쉽게 마주한다. 예상치 못한 일에 놀라거나 당황스러울 때, 분에 넘치는 칭찬을 받아 민망하거나 어색할 때, 말 그대로 어디에다 몸을 둬야 할지 모른다. 특히 신체 중에서 손의 자세가 가장 신경 쓰인다.
 손에 무언가를 들거나 쥐고 있으면 어색함은 줄어든다. 겨울에 장갑을 꼈다면 무장한 듯 조금 더 자신 있게 손을 움직인다. 그렇지 않으면 손은 늘 주머니를 찾는다. 주머니에 들어간 손은 안식처에서 모든 긴장을 내려놓는다.

옷에 주머니가 없다면 가면무도회에서 혼자만 가면을 쓰지 않는 사람처럼 손뿐만 아니라 다른 신체 부위도 다소 부자연스럽다. 주머니는 손의 쉼터일 뿐만 아니라 마음의 휴식처이기도 하다.

    옷을 고를 때 필요와 목적이 가장 우선이지만, 디자인과 색상이 마음에 들어도 망설인다면 한 가지가 충족되지 않기 때문이다. 한번은 격식 있는 자리에 어울리는 원피스를 살 목적으로 매장에 갔다. 군더더기 없는 디자인과 짙은 감색紺色의 한 원피스가 마음에 들었지만, 선뜻 계산대로 발걸음이 옮겨지지 않았다. 매장을 더 둘러보다가 갈색과 밤색으로 어우러진 체크무늬 원피스에 눈길이 멈췄다. 옷을 입은 후에 탈의실에서 나와 전신 거울 앞에 섰다. 이전의 옷과 달리 캐주얼한 분위기였다. 목적과 필요에 부합한 이전의 옷을 사야 했지만, 손을 넣을 수 있는 주머니 때문에 두 번째 옷에 마음이 기울었다.

    요즘은 온라인이나 홈쇼핑 채널을 통해 옷을 구매하는 경우가 많다. 문제는 스크린상에 보이는 사진과 쇼핑 호스트의 설명이 실물과 차이가 클 때다. 호주머니가 있다는 설명을 보고 주문해서 받아보면 손바닥 중간밖에 들어가지 않아 실망한 적이 여러 번이다. 그렇다고 모든 주머니가 환영받는 것은 아니다. 디자인과 색상이 무척 마음에 드는 재킷을 발견했지만, 상하좌우로 주머니가 네 개나 있었다. 과유불급이 떠오를 만큼 지나치게 주머니가 많았다. 반대로 어떤 옷은 프린트된 가짜 주머니가 있었는데, 쇼핑 호스트는 프린트된 주머니의 장점을 강조해서 설명했다.

옷에 달린 호주머니를 볼 때면, 사람도 호주머니 같다는 생각이 든다. 어떤 사람은 옷에 여러 개 달린 호주머니 같다. 그런 사람은 내 일과 네 일을 나누지 않고, 상황을 판단하지 않고 모든 일에 관여해야 직성이 풀린다. 때로는 그런 행동이 누군가를 관섭하거나 오지랖이 넓다고 여겨져서 오히려 불편을 유발한다.

어떤 사람은 무늬만 주머니를 갖고 있다. 늘 반듯하고 그럴듯하게 자신을 포장하지만, 결정적인 순간에 본색을 드러내 그동안 쌓았던 교감을 무색하게 만든다. 비슷하지만 다른 부류로, 외관상 커 보이지만 손끝만 들어가는 주머니 같은 사람이 있다. 자신의 이득을 위해서라면 친절해 보이지만, 상황이 달라지면 언제 그랬냐는 듯이 안면을 바꾼다.

부토니에가 들어갈 정도의 작은 주머니 같은 사람이 있다. 이런 사람은 타인과 교류가 거의 없어서 평소에는 존재가 드러나지 않는다. 한번은 오른손에 커다란 쓰레기봉투를 왼손에 음식물쓰레기 봉투를 들었다. 전자 도어락으로 바꾸기 전이라 열쇠를 가져가야 하는데 옷 어디에도 주머니가 없었다. 난감하던 차에 상의 왼쪽 위에 있는 작은 주머니가 보였다. 너무 작아서 옷에 주머니가 있는 줄도 몰랐다. 작은 공간에 열쇠가 쏙 들어갔다. 그때 평소에 무심하다가 슬며시 도와주고, 일이 끝나면 아무 일도 없었다는 듯이 행동하는 사람이 떠올랐다.

너무 반듯하고 각이 살아 있어서 주머니를 만들기 어려워 보이는 원피스가 있다. 주머니가 없을 것 같지만, 뜻밖에도 양쪽으로 깊고 안정적인 주머니가 있다. 이런 사람은 처음에는 친해지기 어려워 보이지만, 친해지고 나면 적정한 선과 거리, 온도가 한결같아서 편안하다. 이런 사람 곁에서는 롤러코스터처럼 짜릿한 전율 느끼는 대신에 녹음이 짙은 숲속처럼 평온하고 안정적이다.

내가 좋아하는 재킷과 트레이닝 후드집업이 있다. 이 둘은 모두, 보통의 옷처럼 밖으로 드러난 두 개의 넉넉한 주머니가 있다. 손을 온전히 넣을 수 있고 때로는 스마트폰을 넣더라도 모양이 흐트러지지 않는다. 이 옷들을 좋아하는 이유는 안쪽에도 튼튼하고 넉넉한 주머니가 있기 때문이다. 자주 사용할 일은 없지만, 가방이 없을 때 바깥 주머니에 넣으면 거추장스러울 물건을 안쪽 주머니에 넣으면 깔끔하게 정리된다.

나는 어떤 주머니를 지닌 사람이 되고 싶은가? 내가 좋아하는 재킷과 트레이닝 후드집업처럼 겉보기에도 여유롭지만, 보이지 않는 더 넉넉한 마음을 지닌 사람이면 좋겠다. 넉넉한 마음이 있어 많이 나눌 수 있지만, 그것을 생색내지 않는 사람이면 좋겠다.

쉼표,

잠깐의 여유

일하지 않은 다음 날 출근하려고 하면, 어제 쉬었던 기억이 가물거린다. 늘 무언가로 분주하고 꽉 찬 시간이었다. 음악을 들으면서 책을 읽고, 청소를 했다. 식사하면서 TV를 시청했다.

하루하루가 밑줄이 굵게 쳐진 문장 같아서 사이사이의 쉼표가 보이지 않는다.

행동의 멈춤, 마음의 멈춤, 잠깐의 여유.

케렌시아를 만나다

일상에 쫓기는 현대 사회에 '치유, 힐링'이란 말이 만연하다. 마치 모든 것이 힐링으로 귀결되어야 하는 것처럼. 또한 힐링과 더불어 한동안 케렌시아^{Querencia}란 말이 회자하였다. 스페인어로 케렌시아는 스트레스와 피로를 풀며 안정을 취할 수 있는 공간, 또는 그러한 공간을 찾는 경향을 뜻한다. 나는 계절마다 다양한 꽃이 피고 나무가 가득한 공원을 걸을 때, 부드러운 음악이 흐르는 카페에서 담소를 나눌 때, 책으로 둘러싸인 도서관 서가를 거닐 때, 마음이 평온해진다. 무엇보다 내가 가장 좋아하는 케렌시아는 바로 집이다. 어릴 적부터 집은 자석처럼 늘 나를 자기장 안으로 끌어당겼다.

    학교에서 돌아오면 집 밖으로 거의 나가지 않던 우리 남매들에게 마당은 놀이터이자 휴식처였다. 마당 한쪽에 넓게 사각형을 그어놓고 땅따먹기 놀이나 공기놀이하고, 다른 쪽에서는 십자 놀이나 무궁화꽃이 피었습니다를 했다. 여름밤이면 모깃불을 피워놓고, 평상에서 둘러앉아 식사를 하곤 했다.

나는 마루에 앉아 하늘을 보는 것을 좋아했다. 커다랗다가 작아졌다가 흩어졌다가 모이는 구름, 마당에 고였다가 흘러가는 빗물, 불빛에 반짝이며 내리는 눈송이. 마루에서 보는 풍경은 공들여 촬영한 스크린 속의 영상처럼 사소한 것조차 아름답고 의미 있었다.

90년대 초반에 마을의 기와집들이 차례차례 양옥집으로 바뀌었다. 아버지는 직접 설계해서 집을 지으셨다. 집의 형태가 갖춰질수록 마루가 사라지고 마당이 좁아진 것을 실감했다. 새집에 대한 기대만큼 사라진 장소에 대한 아쉬움은 비례했다. 바뀐 공간은 미처 사진에 담기지 못해 보이지 않은 풍경처럼 아스라이 멀어졌다. 하지만 같은 곳에 있다는 사실 때문에 새집에 빠르게 익숙해졌다.

새집에서 가장 만족스러운 공간은 옥상이었다. 뒤꼍에 있던 장독대와 마당에 있던 평상이 옥상으로 옮겨졌다. 마루를 대신하여 옥상에서 흘러가는 구름, 노을로 물드는 풍경, 쏟아질 듯한 밤하늘의 별들을 보았다. 옥상은 시간 제약을 받지 않고 하늘을 마음껏 담을 수 있는 안전하고 아늑한 장소였다. 사라진 마루와 좁아진 마당을 대신하는 옥상은 더 가깝고 넓은 하늘을 가져왔다. 가끔 빨랫줄에 걸린 옷들이 바람에 흔들리면, 고즈넉한 풍경을 방해하는 것이 아니라 친숙한 공간에 있다는 안도감을 주었다. 햇볕이 쨍쨍한 날에 빨랫줄에 널린 이불 사이로 들어가면 안전한 동굴에 있는 기분이었다. 햇살을 받아 따뜻해진 이불 속은 깜깜한 어둠이 아니라 환한 어둠도 있음을 알게 했다.

아버지가 돌아가신 후에 시골집이 팔렸을 때, 한 장남은 사진마저 사라진 기분이었다. 유년 시절부터 쌓였던 추억의 장소는 존재하지만, 내가 닿을 수 없는 추상적인 영역으로 바뀌었다. 이제 그곳은 꿈속에서 만나는 신기루 같은 공간이 되었다.

추위를 좋아하지 않는 것을 넘어, 싫어할 정도이기에 겨울은 내게 무척 먼 계절이다. 최근에 겨울이 주는 선물을 알게 되어 집은 더욱 안온한 곳이 되었다. 가장 오랜 시간을 보내는 거실은 일반적으로 오전에만 햇살이 살짝 비춘다. 그러나 겨울이면 상황이 달라진다. 아주 길고 환한 햇살이 오랫동안 거실에 드리운다. 햇살이 바닥에 부딪혀 반사된 거실은 눈부시다. 햇살이 있는 바닥은 보일러로 따뜻해진 것과 달리 포근함이 더해진다. 천장에 비친 빛을 바라보는 것도 흥미롭다. 시간에 따라 천장에서 위치를 옮겨가며 모양이 변하는 빛은 점점이 사라진다.

겨울 햇살의 절정을 느낄 수 있는 곳은 오후 2시 이후의 안방이다. 안방은 잠자리에 들 때를 제외하고 거의 들어가지 않는다. 겨울이면 거실에 있다가 종종 방 안을 들여다본다. 불투명 창으로 들어오는 햇살은, 알맞은 온도의 음식이 입에 들어왔을 때 온몸에 퍼지는 따스함이 있다. 옷장에 부딪힌 빛은 방 안을 더욱 아늑하게 한다. 그 다정한 빛을 바라보는 것만으로 오후 시간은 기쁨으로 충일充溢하다.

　어느 토요일에 겨울 햇살을 실컷 즐기기로 마음먹었다. 밖에 나가지 않고, 햇살과 더불어 지내기. 전날에 스마트폰의 알람을 껐지만, 소풍 가는 날처럼 눈이 일찍 떠졌다. 햇살로 맞이하는 아침이 이유 없이 설렜다. 이미 거실 한쪽은 햇살이 길게 드리어져 있었다. 해의 움직임에 따라 햇살이 드리우는 위치와 길이가 달라졌다. 12시가 넘으면서 차츰차츰 원색의 열기는 파스텔색의 온기로 바뀌었다.

　오후 2시쯤에 안방으로 들어갔다. 침대에 올라가서 벽에 기대어 앉아 다리를 뻗었다. 유튜브에서 조성진 피아니스트가 연주한 베토벤 피아노 소나타 8번 〈비창^{Pathétique}〉 2악장을 연속 재생시켰다. 청중의 환호 소리 후에 느리지만, 부드럽게 이어지는 피아노 선율이 방 전체를 감쌌다. 쿠션을 올리고 이승우 작가의 『고요한 읽기』를 펼쳤다. 작가의 깊은 사유에서 나오는 문장은 음악의 울림과 어우러져 끊임없이 마음을 토닥였다.

　LED 조명과 달리 햇빛은 방에 밝음과 어둠을 만들었다. 그 섬세한 차이는 차가움이 아니라 따뜻함을 가져왔다. 빛으로 어둠을 느끼고 그 어둠으로 다시 빛을 보았다. 때때로 해가 구름에 가려져 방이 흐려졌다가 다시 서서히 밝아졌다. 짧게 때로는 길어지는 어둠이 시야를 멀리 보게 하고 생각에 깊이를 주었다. 음악은 더 친밀하고 글은 더 다정하게 말을 걸어왔다. 잔잔한 파도 소리가 들리는 섬에서 하루를 보내는 기분이었다. 오후 5시가 넘어가면서 방은 차츰 어스름해졌다. 방에서 거실로 나올 때, 나는 태양 아래서 온종일 광합성을 한 나무처럼 온몸이 에너지로 가득 차 있었다.

하루의 온전한 충만은 평소에 좋아하지 않던 겨울이 선물한 햇살 덕분이었다. 겨울 햇살을 떠올리며 다양한 관점으로 상황을 봐야 함을 새삼 깨닫는다. 같은 태양이라도 여름에는 바늘처럼 찌르듯이 따갑지만, 겨울에는 보드라운 아기의 숨결 같다. 대부분 첫인상을 고수하거나 한쪽만을 보는 습관으로 호불호가 더욱 명확해진다. 그날 집에서 햇살과 보낸 후에 차가운 겨울이 아니라 따사로운 겨울을 보았다. 겨울에 대한 정서적 공감의 온도가 높아졌다.

추운 날씨에도 근처 공원을 걷는다. 그늘을 지나 볕이 드는 곳을 걸으면 차갑던 공기마저 따뜻하다. 그 빛을 따라 걸으면 차가운 바람이 불어와도 겨울을 즐길 수 있다. 나의 케렌시아가 가까이에서 빛나고 있기 때문이다.

장미 터널을 거닐며

　　새로 지어진 아파트단지와 도로 사이의 보도블록 옆으로 긴 철제 터널이 세워졌다. 터널을 따라 덩굴장미 묘목이 심어졌다. 해를 거듭할수록 장미는 철제를 타고 오르기 시작했다. 몇 해가 지나자, 덩굴장미가 완전히 철제를 감쌌다. 5월이면 초록 잎 사이로 핀 붉은 장미가 거리의 풍경을 아름답게 바꾸었다.

　　늘 차로 지나치면서 걸어서 장미 터널을 통과하는 사람들을 부럽게 바라보았다. 멋진 성에 들어가서 화려한 내부를 마음껏 거니는 모습을 상상하곤 했다. 시간을 내서 걸어야지 마음먹었지만, 어느새 시간은 흘러 장미가 지고 초록의 잎사귀만 무성했다.

　　여러 번 기회를 놓치고 어느 해 5월 드디어 장미 터널을 걷게 되었다. 조금 떨어진 곳에 주차하고 장미 터널로 향했다. 머리는 벌써 터널 안의 아름다운 모습을 그리고 있었다.

문을 열고 들어서면 스테인드글라스 창문 사이로 은은한 빛이 들어오고, 천장의 샹들리에는 별처럼 반짝이고, 감미로운 음악의 선율이 흐르는 중세 유럽의 무도회장이 떠올랐다.

터널 안으로 발을 디딘 순간부터 하나둘 품었던 환상이 깨지기 시작했다. 밖에서 눈부시게 아름다웠던 꽃들이 만든 그늘로 내부의 온도는 서늘했지만, 어둡고 축축했다. 장미 향으로 가득할 것 같던 공간은 중간중간 놓인 벤치 아래 버려진 쓰레기 냄새로 채워졌다. 빛이 거의 새어 들어오지 못하는 터널은 입구에서 멀어질수록 상황이 심해졌다.

피천득의 수필 「인연」에서 저자가 마지막에 본 아사코의 모습에 실망하는 장면이 떠올랐다. 아사코의 아름답고 청초한 모습이 기억에 남았으면 좋았을 거라는 저자의 마음처럼, 차라리 멀리서 동경의 대상으로 덩굴장미를 바라보았으면 좋지 않았을까? 굳이 몰라도 되는 민낯에 아쉬움을 달래며 출구에서 다시 온 길을 되짚어 나왔다.

곰곰이 생각하면, 장미 터널이 아니라 내 생각이 잘못이었다. 장미는 살기 위해 햇빛이 비치는 밖에서 활짝 피었고, 그림자가 드리워진 안쪽은 당연히 어둡고 습기가 감돌았다. 겉이 아름다우면 당연히 속도 아름다울 거라는 기대와 선입견이 실망감을 높였다. 그 반대로 투박한 겉만 보고 속까지 그럴 거라는 편견에 빠진 적이 있었다.

부대찌개를 먹으려고 지인 세 명과 함께 식당에 갔다.

음식을 서빙하는 젊은 남자 직원의 옷차림이 마음을 불편하게 했다. 검정 야구모자를 쓰고, 검정 마스크를 끼고, 검정 패딩과 바지를 입고 있었다. 모자가 만들어낸 그늘과 마스크 사이로 보이는 표정 없는 눈빛이 스쳐 지나갔다. 아무 말 없이 테이블 위에 반찬을 놓고 나갔다.

일행은 반찬 중에서 무르지 않고 아삭아삭한 식감이 살아 있는 양배추쌈에 관심을 보였다. 양배추의 효능과 어떻게 찌는 게 좋은지 각자의 경험을 이야기했다. 나는 양배추를 너무 푹 쪄서 단맛만 많이 나고, 대부분 실패한다고 말했다. 양배추 찌기가 쉬운 것 같지만, 적당한 식감을 살리기는 어려웠다. 그때 직원이 부대찌개를 가져와서 버너 위에 올리고 있었다.

"양배추쌈 만들기 쉬워요. 찜기 말고 끓는 물에 데치면 금방 돼요. 이것도 끓는 물에 데친 거예요."

뜻밖에도 가늘고 높지만, 귀에 거슬리지 않는 목소리가 직원에게서 나왔다. 무엇보다 친절한 설명으로 인해 그때까지 남아 있던 불편함이 사라졌다. 동시에 편견에 갇혀 섣부르게 판단한 것에 가책을 느꼈다.

최근에 다시 한번 편견이 얼마나 어리석은지 깨달았다. 몇 년 전에 장미 터널을 방문한 이후, 장미 터널은 말 그대로 내게 '빛 좋은 개살구' 정도였다. '아름답네. 그렇지만 부럽지는 않아. 내가 너의 진짜 모습을 다 알고 있거든.' 그런데 빛이라도 좋았던 장미 터널이 볼품없이 변했다. 가지치기를 심하게 해서 철제 구조는 물론이고 내부가 곳곳에서 드러났다. 빈약한 덩굴에 드문드문 꽃이 피었다. 그런 굴욕을 견디며 여러 번 계절을 거쳐 빽빽하지는 않지만, 알맞은 정도의 잎사귀에 꽃이 피었다.

    장미 터널 가까운 곳에서 점심을 먹었다. 오랜만에 장미 터널을 다시 걷기로 했다. 일행에게 예전에 실망했던 경험을 말하면서 아무런 기대감 없이 터널 안에 들어섰다. 장미 덩굴이 만든 적당한 그늘과 틈 사이로 햇살이 들어와 터널 안을 은은하게 밝히고 있었다. 햇살이 드리운 터널 내부에도 장미꽃이 피어 곳곳을 수놓았다. 쓰레기 냄새 대신에 장미 향이 감돌았다. 곳곳에 있는 벤치에 사람들이 앉아 대화를 나누고 있었다.

    장미 터널을 다시 걸은 후에, 그동안 오해와 편견에 갇혀 있던 나를 돌아다보았다. 한 번의 실수가 전체를 대변하지 않고, 한 가지 성공이 차후의 모든 것을 보장하지 않는다. 어떤 사안에 대해 저인망 그물로 들어 올려 재고 살펴서 기준에서 하나라도 벗어나면 틀렸다고 고정해 버린다. 편견이나 선입견은 마음의 여유가 없고, 사고가 유연하지 않을 때, 더욱 굳어지는 경향이 있다.

    누군가를, 어떤 상황을 판단할 때, 장미 터널을 떠올리곤 한다. 한 번, 두 번, 세 번. 잠깐의 멈춤. 마음에 틈을 주어 바람이 통하고 햇빛도 잘 쏘이는 것이 오해와 편견이 들어서지 않게 하는 일이다.

걸어야만 보이는 것들

겨우내 잎을 떨군 채 추위를 견딘 나무에 어스레한 연둣빛이 감돌기 시작한다. 얼마 지나지 않아 꽃가지에 꽃망울이 맺힌다. 풀들은 하루하루 땅을 점령해 초록빛으로 물들이고 있다. 마침내 밤하늘에 폭죽이 터지듯 꽃망울이 터지고 나뭇가지에 잎이 돋는다. 바람에 실린 꽃향기를 따라 허공을 날고 있는 나비들. 꽃과 꽃 사이를 낮게 비행하고 있는 벌들. 사계절 들려오는 까치와 참새의 지저귀는 소리 이외에 계절의 변화에 따라 새롭게 들리는 새소리. 거리에서 스치는 사람들. 공원 잔디밭에서 뛰노는 아이들. 주변 벤치에서 아이들을 지켜보는 어른들. 걷다 보면 이 모든 것을 느끼고, 더 많은 감각이 열리고, 더 많은 관계를 맺게 된다.

거실에 드리운 햇살이, 창을 통해 들어오는 바람이, 계절을 실어 온다. 문밖을 나서면 공기의 온기가 더 섬세하게 피부에 스민다. 밖에 있으면 계절이 멀리 있는 게 아니라 이미 왔음을 실감한다. 보도블록이 깔린 도로 틈 사이를 비집고 나온 새싹이 보인다. 예전에는 그 대단한 생명력에 감탄했다. 지금은 생명력이라기보다는 끈기라고 말하고 싶다. 생명력은 천성인 것 같지만 끈기는 후천적인 노력처럼 들리기 때문이다. 그 비좁은 틈 사이로 뿌리를 내린 싹을 보면 허무한 감정이 썰물처럼 밀려간다. 걸어야만 볼 수 있고 느낄 수 있는 더 넓은 세계가 있다.

    차에서 내려 목적지까지 잠깐 걷거나 집 근처에 있는 도서관에 갈 때를 제외하고는 거의 걷지 않았다. 운동 삼아 시간을 내어 걷는 것 역시 쉽지 않았다. 어느 날 여러 지인이 있는 데서 "우리 시간 내어 걷기라도 할까요?"라는 말을 꺼냈다. 내가 말을 꺼내 놓고 무심히 흘려보냈는데, 며칠 후에 늘 호기심이 있고 바로바로 실행으로 옮기는 H가 걷는 시간과 요일을 조율했다. 화요일과 목요일, 일과가 끝나는 저녁 9시쯤으로 시간이 정해졌다. 2022년 6월 30일, Y와 K, H, 나 이렇게 네 명이 함께 걷기 시작했다. H는 화요일과 목요일의 첫 글자를 따서 '화목한 걷기'로 모임 이름을 정했다.
    땀을 흘릴 정도의 파워워킹이 아니라 산책하듯, 때로는 윈도쇼핑하듯 주위를 둘러보면서 천천히 걸었다. 어둠이 내린 공원에 가로등 불빛을 받으며 이런저런 이야기를 나누며 걸었다. 대화를 통해서 더 친밀해졌고 서로를 이해하는 폭이 넓어졌다. 누군가 '걷기에 나쁜 날씨는 없다. 다만 알맞은 신발과 옷이 있을 뿐이다.'라고 말했다. 다행히 우리가 걷는 날에 심하게 비가 내린 적은 없지만, 우산을 쓰고 걸어도 그 나름의 운치가 있었다. 어쩌다 피곤한 날이면 늦은 시간에 집을 나서기 싫은 적도 있다. 그러나 막상 걷기 시작하면, 식사의 마무리로 먹는 눌은밥처럼 편안함이 발끝에서부터 머리끝까지 퍼진다.

　Y가 다른 지역으로 이사 가면서 구성원이 세 명이 되었다. 혹여 일이 있어 한 명이 빠지면 둘이라도 걸었다. 겨울에는 시간이 맞으면 오전에 걸었다. 눈이 펑펑 내리는 어느 겨울 아침이었다. 이런 날에는 평소라면 집에 있겠지만, 집을 나섰다. 겨울의 차가운 공기보다 솜사탕 같은 함박눈으로 포근함이 감돌았다. 창을 통해 보는 눈이 조화造花라면 눈을 맞으며 걸을 때 머리와 어깨에 내려앉은 눈은 생화生花 같다. 아무리 아름다워도 조화는 생동감이 부족하다. 옷소매에 내려앉은 눈의 결정이 맨눈으로도 보였다. 그 섬세한 아름다움에 작은 탄식이 흘렀다. 한 발짝 한 발짝 걸음을 뗄 때마다 화이트 크리스마스를 맞이한 아이처럼 설렜다. 걷기를 끝내고 집에 왔을 때, 동화 속 세상에서 현실 세계로 돌아왔다. 갑자기 어린아이에서 어른이 된 것처럼 놓쳐버린 허전함에 한동안 멍하게 있었다.

　겨울이 지나고 새봄을 맞았다. 화요일 걷기 시간이 일요일 오후 4시로 바뀌었다. 봄기운이 가득한 어느 일요일에 걷기를 끝내고 모처럼 함께 이른 저녁을 먹었다. 그럼에도 그날은 헤어지기 아쉬웠다. "우리 드라이브할까요?" H의 말에 K와 나는 찬성했다. 이곳저곳 다니다가 동학사 벚꽃 축제까지 가게 되었다. 늦은 시간임에도 축제장 근처 도로는 차들로 가득 찼다.

　축제장에서 다소 떨어진 곳에 주차하고 일행과 걸었다. 혹시 새로운 무언가 있을까 기대했지만, 여느 축제장에서 볼 수 있는 흔한 광경이 펼쳐졌다. 그러나 어린 자녀와 함께 온 부모, 노부모를 모시고 나온 자녀, 젊은 연인 등은 이곳저곳에서 눈에 띄었다. 평년보다 날이 따뜻해서 벚꽃이 일찍 피어 이미 많이 졌지만, 사람들은 꽃보다 아름다운 무엇을 발견한 것 같았다. 그날의 풍경보다 셋이 걸으며 느낀 그 순간의 분위기가 오래 남아 있다.

　처음에는 몸을 조금이라도 움직이고자 걷기 시작했다. 얼마 지나지 않아 단순한 움직임이 아니라 몸의 감각이 열리는 것을 느꼈다. 폭포에서 물이 떨어지듯 순간에 일어나는 엄청난 변화는 아니었다. 고요한 물결에 바람이 일으키는 잔잔한 파문, 바람이 그치면 사라지는 자취 정도였다. 그러나 걸을 때마다 또 다른 바람이 불어 감각을 자극한다. 이런 자극은 활기가 되고 새로운 시선으로 주위를 돌아보게 한다.

　같은 장소를 걷지만, 같은 공간이 아니다. 같은 시각에 걷지만, 같은 시간이 아니다. 같은 사람들과 걷지만, 늘 새로운 사람들과 함께한다. 걸어야만 보이고, 느껴야만 열리는 시선이 있다.

느낌표 !

새롭게 다시 보기

늘 지나던 길인데 어떤 가게가 눈에 들어왔다. 특별한 변화가 없는데 오늘에서야 눈에 들어왔다. 늘 같은 자리에 있었는데.
너의 새로운 모습이라고 생각한 그 부분도 사실 그동안 내가 제대로 보지 못한 거였다. 오늘 유난히 네가 빛났다. 너의 하루가 더욱 눈부시길!

꽃도 반창고가 필요하다

예전에는 꽃병에 꽂아놓은 꽃이 시들한 기미가 보이면 꺼내서 말렸다. 꽃을 말리는 것은 숨을 멈추는 것이 아니라 다른 형태의 숨을 불어넣는 의식이었다. 그런데 얼마 전부터 꽃을 말리는 대신에 최대한 오래 꽃병에 꽂아둔다. 언제부터인가 공기 중에서 몸의 부피가 줄어드는 꽃보다 물에서 시드는 것이 오히려 자연스럽게 느껴졌다. 흙에서 태어나서 흙에서 생을 마감하면 가장 좋겠지만, 그럴 수 없다면 마지막까지 물에서 있다가 떠나는 것이 좋지 않을까. 마음이 달라지니 시들어 가더라도, 그 자체로 유의미해 보인다. 간혹 물속에서 수분이 빠져 색을 그대로 유지한 채 마르는 천일홍이나 미니스프레이 장미, 안개꽃, 스타티스, 루스쿠스 등은 물이 없는 꽃병으로 옮겨진다.

꽃이 상당히 시들어서 꽃병에서 하나씩 하나씩 빼내고 나니 공작초만 남게 되었다. 하루이틀이 지나고 공작초를 정리할까 했지만, 가지에 있는 꽃이 거의 시들었는데 작은 꽃 세 개가 여전히 활짝 피어 있었다. 주기적으로 물을 갈아 주었지만, 세 개 중에서 결국 하나만 남았다. 그 하나마저 온전히 시들고 나서야 꽃병의 물을 비웠다.

    공부하러 오는 학생이 상을 받으러 서울에 가게 되어서 전날에 수업을 했다. 학생은 예상보다 일찍 내려왔는지 8시쯤에 잠깐 들러도 괜찮겠냐고 연락이 왔다. 초인종 소리에 나가보니 꽃다발을 내밀었다. 그날 꽃다발을 많이 받아서 하나 드리고 싶다며 활짝 웃었다. 입으로만 축하한 내가 꽃을 받기 민망했지만, 건네는 성의를 고맙게 받았다. '선생님 꽃병에 꽃이 비어서요.'라고 작은 목소리로 말했다.

    수업하러 올 때마다 시든 꽃이 신경이 쓰였던 걸까? 꽃다발을 들여다보면서 시든 꽃이 내게는 나름의 의미가 있지만, 다른 이의 눈에는 다르게 보일 수 있겠다는 생각이 들었다. 그렇지만 마음이 바뀌기 전까지 시들해지는 꽃이 집에 오래 머무를 것이다. 꽃다발을 풀었더니 반으로 접어 스테이플러로 고정한 엽란 한 장이 맨 처음 눈에 들어왔다. 철심을 조심스럽게 빼내었다. 이파리에 약간의 상처만 있을 뿐 크게 상하지는 않았다. 사흘 만에 다시 물이 채워진 꽃병에 꽃을 꽂았다. 꽃대 하나에 꽃이 여러 개 피는 스프레이 카네이션의 줄기 하나가 꺾여서 꽃이 고개 숙인 채 있었다. 이제 막 봉오리를 터트린 꽃이 안쓰러웠다. 그냥 지나칠 수도 있지만, 그날따라 줄기가 꺾인 작은 카네이션 하나가 마음에 쓰였다.

책을 넘기다가 종이에 새끼손가락 첫 번째 마디를 베었다. 쓱. 짧게 베이는 소리. 깊지 않은 상처. 하지만 찌릿찌릿한 통증은 와이파이가 최대치로 잡힐 때처럼 또렷하게 전달됐다. 피도 스며 나오지 않는 0.3mm의 벌어진 틈으로 자신의 위세를 과시했다.

책상 서랍에서 노란색 바탕에 애니메이션 캐릭터 짱구가 그려진 반창고를 꺼냈다. 한 학생이 좋아하는 반창고라면서 나눠준 거였다. 서랍을 열 때마다 짱구의 익살맞은 모습에 미소가 지어졌다. 그래, 내가 마지막 남은 너를 붙여주마. 반창고는 베인 새끼손가락을 두 바퀴를 감쌌다. 두꺼운 벽에 둘러싸여 와이파이 수신이 차단되듯 통증의 전파가 잡히지 않았다.

드라마에서 손녀의 안타까운 상황에 초로의 할머니가 속상해하며 가슴 아파한다. 어린 증손자가 소중히 여기는 뽀로로가 그려진 반창고를 할머니 가슴에 붙여준다. 붙이고 나서 빨리 나으라며 작은 입으로 '호, 호' 숨결을 불어 넣는다. 증손자의 예쁜 행동에 할머니는 가슴의 통증이 가라앉았다며 웃음을 보인다. 피가 보여야 반창고를 붙이는 것은 아니겠지. 피를 뿜어내는 심장인데 얼마나 많은 피가 흐르고 있겠는가. 그곳이 아프다는데 어떻게 가만히 있을 수 있을까? 심장에 붙일 수 없다면 가슴에라도 반창고를 붙여야지. 그래야 마음의 통증도 상처도 치유되고 위로가 되지 않을까.

어떤 약에 위약효과가 발휘되듯 그런 효력을 지닌 단어가 있다. 반창고가 내게 그런 종류의 단어다. 반창고에는 심하게 다치지 않았을 것 같고, 상처의 피가 바로 멈추고 곧 새살을 돋게 할 것 같은 뉘앙스가 있다. 드라마에서 어린아이가 할머니에게 반창고를 붙였을 때, 마음의 고통을 줄인 것이 사랑이라고 하더라도 나는 반창고의 효과를 믿는다. 책장을 넘기다가 종이에 베인 상처에 반창고 하나는 최소한의 처치지만, 최선의 치료였다.

약상자에서 종이 반창고를 꺼내어 꺾인 스프레이 카네이션의 줄기에 조심스럽게 감았다. 꺾인 줄기에 힘이 들어갔다. 고개를 든 카네이션이 수분을 잘 흡수하여 꽃을 피우기를 바랐다. 어쩌면 줄기가 이미 손상되어 반창고가 도움이 안 될 수도 있다. 그렇지만 고개 숙이고 있는 것보다 한결 좋아 보인다. 다른 꽃보다 반창고를 붙인 카네이션에 자주 시선이 간다. 꽃이 더 피었는지 구분하기 어렵지만, 적어도 확연히 시들지 않는다는 것에 마음이 놓인다.

때로는 꽃도 반창고가 필요하다.

살구꽃이 피면

내가 여덟 살까지 살던 고향은 한 동요의 가사처럼 정말 꽃 피는 산골이었다. 사방이 산으로 둘러싸여 있어 누구도 쉬이 오기 힘든 곳이었다. 그 시절의 어떤 장면은 영상처럼 살아 움직이고 다른 기억은 사진처럼 한 장의 이미지로 고정되어 있다. 지금도 봄날의 한 풍경은 유독 선명하다.

　　마을에서 산길을 따라 30여 분을 걸어 올라가면 우리 집을 포함해서 세 집이 있었다. 첫 번째 집 옆에 커다란 살구나무가 있었다. 두 번째 집에서 조금 떨어진 곳에는 아름드리 호두나무가 있었다. 세 번째 집으로 들어가는 입구 양쪽으로 감나무가 늘어 서 있었다. 집 뒤쪽에는 많은 대추나무와 밤나무 등이 심겨 있었다.

　　우리 집은 세 번째 집이었다. 가을이면 여러 과일이 지천이었으나 봄이면 첫 번째 집이 무척 부러웠다. 살구꽃이 피는 계절이면, 달빛을 받은 살구나무는 작은 전구가 켜진

듯이 반짝거렸다. 학교에서 돌아올 때면 멀리서 연분홍빛을 띠는 나무에 마음이 설레곤 했다. 집에 거의 다 왔음을 알리는 이정표 같았다.

그 집에 사는 아이는 인정하지 않겠지만, 그 살구나무는 마음속에서 우리 나무였다. 그러나 꽃이 지고 살구가 익는 시기가 오면, 모두의 나무가 아니라는 것을 실감했다. 잘 익은 살구를 반으로 쪼개 씨를 빼고, 껍질을 벗겨서 입에 넣으면, 부드러운 과육을 감싸는 달콤한 맛과 함께 새콤한 맛이 어우러졌다. 그 달콤한 신맛은 우리 집에서 수확하는 어떤 과일에서도 느낄 수 없었다. 우리 것이 아니기에 감질날 수밖에 없는 살구는 금단의 열매처럼 마음을 애태웠다.

중학교 때 이호우의「살구꽃 핀 마을」이라는 현대시조를 교과서에서 보자마자 마음을 빼앗겼다. 살구꽃 핀 마을이 어디나 고향 같다는 시구는 어린 시절의 풍경을 고스란히 떠올리게 했다. 자연스럽게 살구와 살구꽃은 고향을 나타내는 상징물이 되었다.

살구나 살구꽃을 보는 것만으로도 고향을 느끼는 듯하다. 내게 고향이란 단지 물리적인 장소를 넘어 마음의 안식처이다. 하루의 지친 피로를 풀어주는 집처럼 고향은 삶의 고단한 시기에 넉넉히 품어주는 엄마의 품 같은 곳이다. 고향이라는 단어가 어느 면에서는 예스럽게 느껴지지만, 점점 빨리 변하는 시대에 마음의 안식처로서의 장소는 더욱 필요하다.

살구를 보기 쉽지 않은데 지역의 모 대학교 인근의 가로수가 살구나무였다. 이곳을 지날 때마다 살구나무로 가로수를 결정한 그 누군가에게 고마움이 절로 들었다. 봄에는 살구꽃이, 초여름에는 나무에 매달린 짙은 노란빛 살구가 행인을 반겼다. 종종 마음이 허전할 때나 그리움이 밀려올 때면 더 가까운 길 대신에 이 길을 통해서 집에 가곤 했다.

어느 해 대학 정문 쪽에 있는 살구나무가 베어지고 긴 원형의 LED 조명으로 교체되었다. 그 거리를 처음 지나는 사람은 바뀐 풍경이 멋져 보일지 모른다. 그러나 이전의 모습을 기억하는 내게는 아직도 주변 환경과 조화롭지 않다는 느낌이 든다. 마치 어느 한옥 마당에 놓인 장 미셸 오토니엘의 작품에서 느꼈던 어색함과 비슷하다.

한 TV 프로그램에서 유명 디자이너가 리모델링한 한옥은 편리하고 세련되었다. 그러나 한 가지가 마음에 걸렸다. 한옥 중정에 있던 능소화에 독성이 있다고 해서 베어버렸다. 고아한 능소화가 있던 예전 한옥의 사진을 본 후에 아쉬움이 더 커졌다. 독성이 있다는 부정확한 정보가 오래 지켜온 한옥의 정취를 변화시켰다. 오토니엘의 작품은 그 자체로 멋지지만, 한옥의 마당에서는 단아한 한복을 입고 화려한 귀걸이와 목걸이를 착용한 사람처럼 부자연스러워 보였다. 이전 주인이 사용한 '능소헌'이라는 현판만이 능소화의 존재를 기억하고 있었다.

대학 쪽으로 가는 초입에 남아 있던 살구나무는 어느 나무보다 먼저 꽃을 피워 눈부시게 반짝거렸다. 여느 때처럼 바람에 꽃잎이 날리고, 초록의 잎이 돋아나기 시작했다. 그즈음 가로수 조성 사업이라는 현수막이 걸렸다. 설마 했지만, 어느 날 살구나무 모두가 베어졌다. 밑동 옆에 쌓인 베어진 나무줄기를 보자 가슴이 울렁거렸다. 얼마 지나지 않아 나무 밑동의 뿌리마저 뽑혀 있었다. 뿌리가 뽑힐 거라고 예상은 했지만, 막상 최후의 흔적을 보고 나니 마음에 거센 파동이 일었다.

올봄 살구나무는 눈부시게 꽃을 피우고, 마지막인지도 모르고 그렇게 떠났다. 마지막까지 아름다운 모습을 남기고 떠난 살구나무는 미련이 없겠지만, 더 흔연하게 바라보지 못한 나는 아쉬울 수밖에 없다. 또 하나의 고향과 작별하였다.

원
플
러
스
원 **#**

부드럽게 빙판 위를 활주한다. 음에 맞춰 몸이 움직인다. 아니다. 움직임에 따라 음악이 흐른다. 손짓 하나하나 몸짓 하나하나는 어디가 시작이고 어디가 끝인지 알 수 없을 정도로 천의무봉天衣無縫하다.

　　2013년 세계피겨선수권 대회 김연아 선수의 롱 프로그램 〈레 미제라블〉 영상은 무기력한 나를 자극한다. 김연아는 2010년 동계올림픽에서 금메달을 따고 은퇴한 후에 소치 올림픽을 위해 2013년에 복귀한다. 쉬었던 기간을 만회하기 위해서 보이지 않는 곳에서 얼마나 노력했을지 가늠되지 않는다. 사실 은퇴 전이나 복귀 후나 기량에는 변함이 없어 언제나 준비된 사람처럼 보인다.

　　여러 번 반복한 영상으로 음악이 귀에서 맴돌고 안무가 눈앞에서 펼쳐진다. 그녀의 안무에 심장이 힘차게 뛰어 마음에 의욕이 움튼다. 어느새 나는 미끄러워 서 있기도 어려운 빙판 위에 사뿐히 발을 올린다. 나는 산책하듯 자연스럽게 발걸음을 내딛고 있다.

한때 국가대항전 경기는 종목을 불문하고 보려고 했다. 내 응원이 선수들에게 힘이 되고 승리에 일조한다고 여겼다. 내게 확실하게 각인된 1984년 LA올림픽을 시작으로 1986년 서울아시안게임, 1988년 서울올림픽은 새로운 종류의 활기를 선사했다.

서울올림픽이 열리는 1988년의 여름은 실제 온도와 마음의 온도가 더해져 체감온도는 더욱 높아졌다. 하루는 우리나라 선수가 참가하는 경기가 영어 수업 시간과 겹쳤다. 아이들과 상의 끝에 텔레비전은 켜고 소리는 꺼놓기로 했다. 텔레비전이 교단에서 오른쪽 벽 위쪽에 있어서 선생님께서 교단에 계시면 알아차리지 못할 거라 여겼다. 수업이 시작되고 20분 동안 선생님은 눈치채지 못했다. 다만 아이들이 평소보다 조용하고 자주 고개를 비스듬히 위쪽을 향한다는 거였다. 게임 중계가 들리지는 않아도 긴장과 흥분이 감돌았다. 교탁에서 벗어나서 학생들을 둘러보던 선생님은 텔레비전이 켜져 있는 것을 발견하셨다. 선생님은 화를 내기보다는 웃으며 "야~ 이 녀석들아. 오늘따라 너희들이 왜 이렇게 조용하나 했다."라고 말씀하셨다. 그렇지만 우리의 간청과 애원, 절규에도 불구하고 텔레비전은 꺼지고 수업은 계속되었다. 뜨거워지는 가슴은 생활의 흐트러짐이 아니라 삶의 활력이었다.

그 이후에도 월드컵과 올림픽 등 우리나라 국가대표 선수들이 뛰는 경기에 열과 성을 다해 응원하고 승리에 기뻐하며 패배에 안타까워했다. 2002년 한일월드컵 때 심장박동은 정점을 찍었다. 우리나라는 그저 한국이 아니라 대한민국이었다. 단순히 대한민국이 아니라 '대~한민국 짝짝짝 짝짝'이었다. 미디어를 통해서가 아니라 아주 가까이에서 축구에 몰입하고 승리에 감격한 사람들을 마주하는 것은 이상하지 않았다. 경기뿐만이 아니라 그렇게 하나 된 모습을 보는 것만으로도 도파민과 아드레날린이 분출하여 행복과 만족을 가져왔다. 일차적인 환희에서 멈추는 것이 아니라 무엇을 해도 이룰 수 있는 자신감으로 이어졌다.

인생에서 최상의 즐거움을 맛본 후에 더 이상 어떤 것에도 즐거움을 느낄 수 없는 것처럼 한일월드컵이 끝난 이후에 점차 스포츠에서 오는 즐거움이 줄어들었다. 어느 순간 내가 보면 이기던 경기도 진다는 안 좋은 징크스까지 갖게 되었다. 그래서 결정적인 순간을 회피하거나 경기 자체를 보지 않게 되었다.

2007년 세계선수권대회에 참가한 피겨스케이팅 김연아 선수의 쇼트 프로그램 〈록산느의 탱고〉를 보면서 잊고 있던 희열을 느꼈다. 그 이후로 김연아 선수가 참가하는 대회를 찾아보았다. 어떤 음악에 맞춰 어떤 안무를 선보일지 매년 기대감이 상승했다. 2009년 쇼트 프로그램 〈죽음의 무도〉와 롱 프로그램 〈세헤라자데〉로 세계선수권대회에서 우승했을 때, 그녀의 노력으로 내가 보상받는 기분이었다.

은퇴 후에 2년간의 공백기를 갖고 복귀한 2013년 세계선수권대회의 빙판에 오른 김연아의 모습에서 평안과 평온이 느껴졌다. 프랑스혁명을 담고 있는 음악에 맞춘 안무는 격정과 간절함, 희망과 의지 등을 표현했다. 그 이후로 김연아 선수의 롱 프로그램 〈레 미제라블〉은 숨고 싶고 뒷걸음질하고 싶을 때마다 자극이 되었다.

스포츠에 관심과 흥미가 떨어진 것은 삶에 대한 열정과 바람이 시들해진 결과라고 인정할 수밖에 없다. 열정과 욕망, 이런 감정이 어느 순간 너무 낯설어졌다. 이런 것이 없어도 괜찮았고, 사실은 빠져나가는 줄도 몰랐다. 몇몇 어르신들이 이런저런 일들이 의미가 없는데 굳이 해야 하는가 하는 대화를 들었다. 어르신들이 열정을 잃어서 욕망조차 말라버렸구나, 라고 생각했지만, 나도 별반 차이가 없음을 깨달았다.

하고자 하는 열정, 이루고자 하는 욕망, 이 감정은 삶의 가장 정점에 있다고 여겼다. 크리스마스트리의 꼭대기에서 빛나는 가장 큰 별처럼, 높이 있어서 쉽게 닿을 수 없는 것. 그런데 욕망은 멀리 떨어져 있지 않고 열정과 하나로 묶인 마트의 원 플러스 원 같은 상품이다. 크기와 세기의 차이가 있을 뿐 둘은 붙어 있어야 한다. 그래야만 힘들고 지칠 때마다 서로에게 영양을 공급한다.

욕망만 크고 열정이 없으면 이루지 못하고, 반대로 열

정만 있고 욕망이 없으면 타인의 욕망에 속박되어 버린다. 누군가 묶어놓은 원플러스원을 사는 것이 아니다. 어떻게 묶을지는 온전히 자신의 몫이다. 자신에게 알맞은 욕망 하나에 알맞은 열정 하나 더하기.

공
간
의

속 #
삭
임

　오래전에 평생학습관에서 주관한 프로그램을 통해 지역의 문화재를 탐방하게 되었다. 그동안 몰랐던 지역 문화재의 가치와 의미를 알게 된 특별한 시간이었다. 발길이 닿는 곳곳에서 보물을 찾고 숨은 그림을 찾았다. 특히 외관뿐만이 아니라 그 안에 담긴 의미 때문에 인상 깊은 정자 두 개가 있었다.

　하나는 사계 김장생 선생이 지은 임리정이다. 일반 정자와는 달리 사방에 문이 달려 있어 사계절 언제든 이용할 수 있다. 바람과 햇빛의 영향으로 색은 바랬지만, 고아**高雅**한 정신을 그대로 담아낸 정자였다. 임리정은 『시경』의 '戰戰兢兢 如臨深淵 如履薄氷'전전긍긍 여임심연 여리박빙: 두려워하고 조심하기를, 깊은 못에 임하는 것같이 하며, 얇은 얼음을 밟는 것같이 하라.'는 구절에서 따왔다. 이름의 의미를 듣고 나니 단순한 정자가 아니라 응집된 정신의 표상처럼 보였다.
 다른 하나는 사계 선생을 흠모한 제자 우암 송시열 선생이 스승과 가까이 있고 싶어서 임리정 근처에 지은 팔괘정이다. 팔괘정으로 이어지는 마지막 계단에 올라선 순간 주위에 사람이 많았지만, 일시에 모든 소음이 가라앉는 듯했다. 나무가 우거져서 임리정이 잘 보이지는 않았지만, 우암의 눈길이 어디로 향했을지 짐작할 수 있었다. 스승을 닮고자 하는 제자의 마음이 정자에 고스란히 담겨 있었다. 임리정과 팔괘정은 쌍둥이처럼 매우 닮아서 자세히 보아야 차이를 구별할 수 있다. 제자가 스승을 따르고 싶은 마음이 얼마나 간절한지 정자의 외관에 그대로 담겼다.

 옛 은사님을 만나면 이런 기분일까? 설레면서도 그사이에 선생님이 노쇠해졌을까 봐 걱정스러운 상반된 두 감정이 뒤섞였다. 아주 오랜만에 그곳을 가기로 하고는 기분이 들떴다가 가라앉기를 반복했다.
 팔괘정으로 인도하는 현대적인 붉은 벽돌이 빨간 양탄자처럼 보였다. 팔괘정의 지닌 소박함과 계단의 화려함이 상반된 대비를 이뤄 현대와 과거를 나타내는 듯했다. 다행히 오랜 기억 속에 있던 고요의 순간은 여전했다. 멀리 유유히 흐르는 금강이 보이고 주변의 나무와 우암의 글씨가 새겨진 바위는 팔괘정과 조화를 이뤘다. 우암 선생의 마음을 담아 사계 선생을 만나러 갔다.
 민가의 밭길을 통해 임리정에 도착했다. 경계선 역할

을 하는 임리정 둘레의 철제 울타리와 낮게 드리워진 전깃줄이 정자의 고즈넉한 분위기를 퇴색시켰다. 아쉬운 기색을 눈치챘는지 때마침 시원한 바람이 불어와 마음을 다독였다. 툇마루에 앉아 함께한 일행과 소소한 대화를 나누었다. 대화를 나누지 않는 틈틈이 바람을 느끼고, 풍경을 눈에 담는 것은 또 다른 즐거움이었다. 언젠가 임리정과 팔괘정에서 해넘이를 봐야겠다고 생각하며 자리에서 일어섰다.

어떤 사람은 나이가 들면서 노인이 되고, 다른 사람은 나이가 들수록 현자가 된다. 건축물도 마찬가지로 어떤 것은 세월이 가면서 노후화하고 다른 것은 운치를 더해간다. 자연은 스스로 자연스럽게 세월을 헤쳐 나가지만, 건축물은 계속해서 사람의 손길과 발길이 닿아야 윤나고 오래간다. 단지 눈길만으로는 부족하다.

임리정과 팔괘정 주변은 잘 정돈되어 있지만, 정자 그 자체에서 생기를 찾기는 어려웠다. 만약 혼자 갔더라면 고요보다는 적막하다고 느꼈을지 모른다. 새가 찾지 않는 숲은 적막하다. 마찬가지로 집은 사람의 온기를 잃으면 활기가 빠르게 사라진다. 어쩌면 문화재의 숙명인지도 모른다. 보호받아야 할 대상으로 정해지면 보호는 곧 금지와 동의어가 된다. 손이 닿으면 안 되는 것이 있고 보호하면서도 손길이 필요한 곳이 있다. 특히 사람의 온기가 있어야 하는 건축물이 그렇지 않을까. 임리정과 팔괘정은 형태만 있고 색깔과 향기를 잃고 있는 조화처럼 보였다.

어릴 적 놀기만 해도 문지방과 마룻바닥이 반들반들 하던 게 기억난다. 임리정과 팔괘정의 들어열개문을 걸쇠에 걸어놓고 그 안에서 책을 읽거나 도란도란 이야기한다. 때로는 그저 사방에서 들려오는 새소리를 들으며 풍경에 빠져 사색에 잠긴다. 얼마나 즐거운 상상인가. 사람의 온기로 활기가 돌고 반짝이는 그곳이 사계와 우암이 바라던 공간의 구현이 아닐까 한다.

2부

그리움이 노을처럼 물들면

그리움도 마음 어딘가에 있지만 늘 감지되지 않는다. 고요히 가라앉아 있어 평소에는 그 존재가 희미하다. 작은 바람에도 낙엽이 흔들리고, 꽃보다 향기가 먼저 감지되듯 불현듯 떠오른 그리움은 마음을 일렁인다. 보고 싶다는 생각이 파도처럼 밀려오면 고스란히 부딪칠 수밖에 없다. 피한다고 피할 수 있는 것이 아니고 피해지지도 않는다. 그리움이 몰려오면 심장이 따끔거리고 현기증이 인다. 갈피를 잡지 못하는 마음 곳곳에 추억이 채워진다.

작별인사

　　진입로를 돌아 마당에 들어섰다. 장작불 근처에 바비큐 그릴과 원형 테이블이 놓여 있었다. 이미 여러 명이 테이블에 둘러앉아 음식을 먹고 있었다. 큰언니의 생일을 축하하는 자리면서 다가오는 시골집과의 이별을 고하는 시간이었다. 큰언니에게 미안하지만, 축하보다 여러 갈래로 얽혀 있는 이별의 감정을 다독이는 마음이 더 컸다. 사실 거기에 모인 누구보다도 큰언니가 작은어머니와 이야기를 나누며 지난 시간을 더듬고 있었다.

　　일주일 후 집에 다시 가 보았다. 사람의 손길이 닿은 물건에 영혼이 깃들어 있나 보다. 물건이 비워진 집은 영혼이 빠져나간 몸피만 남은 육신처럼 보였다. 흡사 수의를 입고 누워 있는 모습 같아 서늘하고 낯설었다. 현관문을 열고 집 안으로 들어섰다. 거실을 걸을 때, 방문을 여닫을 때, 작은 움직임에도 울림이 큰 공간에 순간순간 마음이 울컥해졌다. 가장 최근까지 아버지가 쓰셨던 방, 오래전에 할머니가 계셨던 방, 막냇동생 방, 언니와 여동생, 내가 지냈던 방. 어느 시절의 한 모습이 곳곳에서 파노라마처럼 지나갔다.

현관을 나와 옥상으로 향했다. 집을 지을 때 가장 아쉬웠던 점은 뒤꼍이 사라지고 마당이 줄어든 거였다. 집이 다 지어지고 옥상에 올랐을 때 확 트인 하늘과 가까워져서 서운한 마음이 잦아들었다. 파란 하늘과 다양한 구름, 해가 질 녘의 붉은 놀, 쏟아질 듯한 밤하늘의 별들. 없어진 뒤꼍과 작아진 마당 크기만큼 하늘을 얻었다.

그날, 하늘보다 먼저 눈길이 간 것은 곁채 지붕 전체를 덮고 있는 자목련의 가지들이었다. 가늘고 작았던 목련은 점점 자라서 가지를 늘리더니 곁채 지붕을 완전히 덮었다. 목련꽃이 피면 지붕 전체에 자줏빛 촛불을 켜놓은 듯했다. 꽃이 피는 것을 한 번은 더 볼 줄 알았는데, 예상보다 일찍 집이 팔렸다. 게다가 계약자가 아름드리나무를 벤다고 하니 목련과는 영원한 작별이었다. 고개를 정면으로 향하니 탁 트인 시야 대신에 고속철도가 지나는 회색의 고가철로 벽이 보였다. 비를 뿌릴 것 같은 흐린 날씨와 초겨울로 접어든 풍경이 쓸쓸함과 적막감을 더해주었다.

내 감정에만 빠져 있다가 문득 작은아버지들이 떠올랐다. 어쩌면 우리 형제자매보다 상실감이 더 클지도 모른다. 집을 떠난 지 오래되었지만, 작은아버지들이 나고 자란

터이다. 작년에 아버지가 돌아가신 후에 작은아버지들께서
도 시골집이 정리될 거라고 어렴풋이 짐작하셨던 것 같다.
지난 추석이 어쩌면 시골집에 오는 마지막임을 직감하듯 사
촌 동생들까지 내려왔다. 추석 전날 마당에 장작불이 타오
르고 고기가 구워졌다. 대화와 웃음이 끊긴 사이사이에 내
려앉은 침묵에는 아쉬움과 다가올 허전함이 드리워졌다. 순
간순간 파고드는 어색한 정적에 마음은 알루미늄포일에 싸
여 불에 던져진 고구마처럼 시커멓게 타들어 갔다.

    할아버지와 할머니가 돌아가신 후, 작은아버지들은
시골집이 그리워졌을까 아니면 조금씩 멀어졌을까? 고향이
고 큰형님 내외가 계시니 의무와 관성대로 명절에 오셨던 걸
까? 나는 엄마가 돌아가시고 시골집에서 한 발짝 멀어졌고
아버지가 돌아가신 후에 더 멀어졌다. 그러나 매매가 성사
됐다고 들었을 때, 식었던 마음 어딘가에, 집에 대해 꺼지지
않은 불씨가 남았음을 알았다. 그 온기의 실체는 빈집을 둘
러보면서 알게 되었다. 그것은 행복했든 힘들었든 곳곳에
서려 있는 가족이 함께한 추억이었다.

    고향을 떠나 1년간 안양에서 살다가 초등학교 3학년
말에 할아버지 할머니가 계신 이 집으로 왔다. 그 후로 우리
가족은 이사가 잦았기 때문에 이 집에서 산 세월이 길지는
않다. 그러나 부모님과 형제들이 함께 살았던 마지막 장소.
마지막이라는 그것이 계속해서 신경을 건드렸다. 어머니 아
버지가 돌아가신 후에도 시골집은 명절에 친척이 모이는 구
심점이었다. 마지막이 사라진다는 것은 되돌릴 수 없는 과

거의 소멸이자 미래와의 단절이었다.
 텔레비전에서 댐이 지어지면서 마을 전체가 수몰된 지역 사람들이 고향을 그리워하는 영상을 본 적이 있다. 안타까웠지만 그들의 심경을 온전히 헤아리지 못했다. 이제 그들의 애틋한 심정을 이해하게 되었다. 작은아버지께서 동네에 살고 계시니 언제든 방문해서 스치듯 예전 집을 지나칠 수 있다. 그렇다고 채워지지 않는 허전함이 달래지는 것은 아니었다.

 옥상에서 내려와 곁채에 딸린 건축 자재 창고로 갔다. 가득 찼던 목재를 비워내니 넓은 공간이 드러났다. 계약자가 이곳을 지인들과 어울릴 수 있는 커피숍 같은 편안한 공간으로 만들 예정이라고 했다. 마당 한쪽에 있는 비닐하우스에 다육식물을 키울 거라고도 했다. 떠나는 사람은 과거를 되새기고 들어올 사람은 미래를 그리고 있다. 조용히 그들의 미래에 행복을 빌었다. 아버지가 가장 근래에 심었던 소나무, 그 옆에 대추나무, 오랜 시간 집을 지키고 있는 앵두나무에 눈길을 건넸다. 과거의 시간이 되었고, 미래의 공간이 될 집에 작별 인사를 했다.

그리움이
노을처럼 물들면

우리는 공중에 떠다니는 먼지를 거의 인식하지 못한다. 햇빛을 받은 먼지는 서쪽 하늘을 붉게 물들이고 나서 자신의 존재를 확실히 드러낸다.

그리움도 마음 어딘가에 있지만 늘 감지되지는 않는다. 고요히 가라앉아 있어 평소에는 그 존재가 희미하다. 작은 바람에도 낙엽이 흔들리고, 꽃보다 향기가 먼저 감지되듯 불현듯 떠오른 그리움은 마음을 일렁인다. 보고 싶다는 생각이 파도처럼 밀려오면 고스란히 부딪칠 수밖에 없다. 피한다고 피할 수 있는 것이 아니고 피해지지도 않는다. 그리움이 몰려오면 심장이 따끔거리고 현기증이 인다. 갈피를 잡지 못하는 마음 곳곳에 추억이 채워진다.

햇살이 들이치는 어느 아침, 침대를 정리하는데 거센 파도처럼 아버지가 밀려왔다. 햇빛에 먼지가 부딪혀 노을을 만들듯 창에 드리운 햇살이 몸에 닿아서 그리움을 끌어냈을까? 어떤 신호나 실마리 없이 갑작스럽게 발생한 상황이 몹시 당황스러웠다.

　잠자리에 들기 전에, 선잠이 든 잠결에 문득 아버지가 떠올라 심연 속으로 빠진 적은 있다. 그런데 맑은 날씨에 갑작스럽게 울리는 천둥처럼 환한 아침에 예상치 못한 타격으로 속절없이 마음이 무너졌다. 그리움에 부딪힌 마음은 붉게 물들어 쉬이 옅어지지 않았다. 5월로 기울어진 햇살은 예년보다 일찍 뜨거웠다.

　설이나 추석, 크리스마스처럼 더 특별한 날에 일어나는 사건과 사고, 특히 사망 소식이 들리면 가슴이 더 철렁한다. 해당 가족들에게 사고만으로도 고통이다. 그러나 앞으로 그런 날들이 돌아올 때마다 즐겁고 의미 있던 시간은 가슴에 검푸른 멍울이 된다. 태어나자마자 어머니를 잃은 사람의 아픈 사연이 떠오른다. 자신의 생일이 어머니의 기일이라는 사실 때문에 기쁨보다는 슬픔을 당연하게 받아들인다. 시간이 흐르면서 슬픔이 어느 정도 침잠된다고 하더라도 완전히 사라지지 않는다.

　5월이 오고 어버이날이 다가오면 가슴 한구석이 시큰거린다. 그해 5월 9일. 아버지께서 엄마 곁으로 가셨다. 아버지께서 요양병원에 가겠다고 결정하셨고 병원에서 지정한 날짜가 5월 8일이었다. 병원 측은 그날 입원하지 않으면 다음 예약자에게 연락한다고 했다. 우리 남매들에게 어버이날, 아버지를 요양병원으로 모시는 것은 쉬운 일이 아니었다. 팬데믹 시기여서 남동생과 큰언니만 병실에 올라갔고 남은 가족은 요양원 밖에서 인사를 드렸다. 심지어 나는 갑자기 수업 시간이 바뀌는 탓에 아버지를 뵙지 못했다.
　다음 날 새벽 5시쯤 큰언니는 아버지가 침상에서 낙상하셨다는 연락을 받고 서둘러 병원에 갔다. 몇 시간 뒤에 아버지는 운명하셨다.

　올해는 5월 5일이 아버지 기일이었다. 초등학교 3학년인 조카가 동생 내외를 따라 제사에 참석했다. 긴 연휴가 있는 어린이날이라 가족끼리 즐기고 싶었을 텐데 조카는 서운한 기색 없이 옆에서 음식 만드는 것을 도왔다. 아버지께서 돌아가신 후에 오랜만에 형제가 모였다. 아버지라는 교집합이 사라지자, 그 공백을 메우기 위해서 각자 가정과 생활에 더 충실했다. 모처럼 함께 음식을 준비하면서 아버지와의 추억을 공유하다가 살짝 눈시울을 붉혔다.
　기일은 아버지가 떠나신 날이지만, 역설적으로 아버지와 어머니를 만나고 가족이 모이는 날이다. 가족과 함께 있기에 허전함과 슬픔 속에서도 기쁨이 공존했다. 산다는 것은 눈물을 품은 웃음을 배워가는 과정이라는 생각이 들었다.

　은행에 들렀다가 ATM 부스의 문을 열고 들어갔다. 네 개의 ATM은 이미 사용 중이었고 사람들이 길게 줄을 서 있었다. 어버이날이어서 그런지 돈을 찾는 사람들이 유독 많았다. 은행에서 나와 가로수를 따라 걸으며 그 사람들의 돈의 쓰임을 헤아렸다. 아버지가 계신다면 오늘 동기들과 모여 아버지를 모시고 식사할 예정이겠지. 전화하거나 찾아뵐 부모님이 안 계신다는 사실이 뚜렷하게 다가왔다. 특정한 때에 마땅히 할 일이 없다는 생각이 들자, 머릿속에 섧다는 단어가 떠올랐다. 이런 게 설움이구나. 나이를 먹어도 이런 감정이 드는 것이 자못 민망했지만, 그 마음은 쉬이 잠들지 않아 거리를 배회했다. 제사 때는 여럿이 있어서 느끼지 못했던 감정이 어버이날에 불쑥 고개를 들었다.

어버이날과 스승의 날을 맞아 길가의 화원 앞에 카네이션 화분과 바구니가 즐비하게 늘어서 있다. 초등학교 때 색종이로 카네이션을 만들어서 부모님께 드리다가 중학생이 되면서 가게에서 파는 조화를 사다 달아드렸다. 등교 전에 달아드린 카네이션이 하교 후에도 어머니의 가슴에 달려 있을 때, 퇴근하신 아버지의 옷에도 달려 있을 때 뿌듯했다. 의례적인 행위였기 때문에 드리는 것이 당연해서 수줍지 않았고 받는 부모님도 어색해하지 않으셨다. 공식적인 날을 통해서 조금이나마 마음을 전할 수 있었다.

고등학생이 되면서 조화였던 카네이션은 생화로 바뀌었다. 나이가 들수록 어머니에게는 여전히 자연스러웠지만, 아버지에게 달아드리는 손이 겸연쩍어지기 시작했다. 아버지도 마음을 아셨는지 달고 나가면 시든다며 꽃을 유리컵에 꽂으셨다. 다음 해부터 카네이션 화분이나 바구니를 사게 되었다. 성인이 된 후에 카네이션은 더 이상 어버이날의 필요조건이 아니었다.

　스승의 날에 학생에게서 카네이션을 받을 때 마음에 잔잔한 파문이 일곤 한다. 어쩌면 부모님도 내색은 안 하셔도 기쁘지 않으셨을까? 카네이션 없이 지나갔던 어버이날이 떠오른다. 꽃집에 들어가서 카네이션을 살까 하다가 눈으로만 담았다.
　5월 8일의 햇살이 9일로 넘어가고 있었다.

목요일의 전화

우연히 어떤 지인이 통화하는 모습을 마주했다. 얼굴에 미소를 띤 채 "어, 귀한 딸."이라며 통화를 시작했다. 지금까지 내가 누군가에게 다정한 호칭을 사용해서 통화한 적이 있는지 떠올렸으나 기억에 없었다. 가까운 몇 명을 제외하고 전화하기 전에 늘 긴장하고 망설인다. 정도 차이는 있지만 전화번호를 누르고 상대가 받기 전까지 귓가에 울리는 연결음이 심장을 세차게 두드린다. 이 운동에너지는 열에너지로 바뀌어 전화기와 맞닿은 귀에서부터 얼굴을 점점 달군다.

'귀한 딸'이라는 첫 마디를 들었을 때 돌아가신 아버지와 통화하던 내 모습이 떠올랐다. 아버지는 통화하기 가장 어려운 상대였다. 언제나 당신의 말만 하고 상대의 말은 끝까지 듣지 않고 전화를 끊으셨다. 아버지와 통화하고 나면 소통이 아니라 단절이 한층 도드라질 때가 많았다. 끊겨 더 이상 대답 없는 전화 앞에서 비에 젖은 강아지 같은 심정이 되었다.
　평생을 그렇게 해 온 아버지임을 안다고 해서 익숙해지지는 않았다. 대부분 그런 식으로 끝나는 것이 불편해서 아버지와의 통화는 더 어려워졌다. 무엇보다 연세가 드실수록 귀가 어두워져서 말을 오해하여 서운해하시곤 했다. 통화할 때 생긴 오해는 즉시 해결하기 어려워 가급적 전화는 하지 않게 되었다.

　어느 날 저녁 아버지께서 전화하셨다. 아버지의 알큰하게 취한 목소리가 전화선을 통해 술내를 풍기는 듯했다.
　"너는 아버지가 어떻게 돼도 모르겠구나?" 혀 풀린 아버지의 독백 같은 물음에 순간 그동안의 죄를 인정하듯 심장은 빠르게 뛰고 얼굴은 점점 붉어졌다.
　"아버지 약주 많이 하셨어요? 큰언니한테 매일 아버지 안부를 듣는데 왜 모르겠어요?"
　"그건 그거고……. 그만 자라." 뚝 전화가 끊겼다.
　그날도 아버지는 당신 말씀만 하시고는 어김없이 전화를 끊으셨다. 별다른 일이 있는지 무척 궁금했지만, 아버지께 전화할 엄두가 나지 않아서 큰언니에게 전화했다. 아버지는 큰언니에게 전화하지 않으셨고, 언니가 아버지와 통화해 보겠다고 했다. 요지는 아버지가 자주 전화하지 않는 자녀에게 쌓인 서운함을 드러낸 거였다. 아버지 성정에 자녀에게 이런 전화를 하셨다니. 그동안 아버지가 느끼셨을 고독과 외로움을 헤아려 보았다.

나의 주파수는 언제나 엄마에게 맞춰져 있었다. 엄마가 돌아가시기 전에 거의 매일 전화하고 일주일에 두 번 정도 집에 들렀다. 엄마가 돌아가시고, 아버지는 제대로 보이지 않았다. 엄마가 돌아가신 후에, 아버지에 관한 일은 큰언니가 전담하다시피 했다. 나는 아버지에게서 물리적으로 한 걸음, 심적으로 또 한 걸음 뒤로 물러났다. 대부분 큰언니에게 아버지 안부를 물었고, 아버지에게 별일이 생기면 큰언니가 즉시 연락하기 때문에 답답하지 않았다. '너희들이 주는 돈으로 나는 불편 없이 잘 지낸다.'라는 아버지의 말씀을 곧이곧대로 믿고 싶었다. 아버지는 강인한 분이니까 어떤 상황에도 잘 견디리라 생각했다. 엄마를 잃은 나만 보느라 아내를 잃은 아버지의 마음을 살피지 않았다. 시간이 지나면서 아버지는 아내의 빈자리와 자녀의 거리감에 실망과 설움이 점점 쌓였을지 모른다.

큰언니가 특별 조치를 마련했다. 언니가 아버지를 자주 뵙고 수시로 통화하고 있지만, 다섯 남매가 요일을 정해 전화를 드리자고 했다. 그렇게 해서 나의 목요일 전화는 시작되었다. 옆구리 찔러 절 받는 것도 어색하지만, 찔린 옆구리를 부여잡고 절하는 것도 만만치 않게 민망한 일이었다. 처음에는 진심보다 가식처럼 여겨져 무척이나 신경을 긁었다. 그러나 그런 구실이 없었다면, 마음과는 별개로 아버지와 자주 통화하지 못했을 거다.
"점심은 드셨어요? 어디 불편한 데는 없으시지요?"

"밥 먹고, 게이트볼 치다가 더워서 지금 막 집에 들어온 길이다. 너는 밥은 먹었니?"

점심시간이 한참이나 지났음에도 겨우 첫마디가 식사 여부를 묻는 거였다. 사실 아버지와 특별한 용건 없이 통화할 때면 으레 식사 시간 전후에 전화를 걸었다. 적어도 어떤 말로 시작할지 고민되지 않았기 때문이다. 나의 전화는 늘 단조롭고 사무적이었다. 마음은 그렇지 않은데 아버지와 나 사이에는 좁혀지지 않는 거리가 있었다.

한번은 큰언니가 아버지와 통화하는 것을 들었다. 웃음이 오가고 언니의 목소리가 높아졌다가 낮아졌다. 불뚝거리다 금세 애교스럽게 말하는 언니가 정말 아버지와 통화하는지 의구심이 들었다. 원래 그렇게 통화한다는 언니의 말이 무척이나 놀랍고 한편으로는 부러웠다. 아버지는 과묵하고 엄하다고 생각했는데 어쩌면 말을 줄이고 건조하게 행동한 장본인이 나인 것 같았다. 다정한 아버지를 바란 만큼 아버지 역시 다감한 딸이 편했을 거다. 지금껏 예의 바르게 행동한다는 게 오히려 나를 침묵 속에 가둔 셈이었다. 갇혀 있던 침묵을 하루아침에 깰 수는 없었고 다만 좀 더 경쾌한 목소리로 전화할 뿐이었다.

이제는 더 이상 아버지의 목소리를 들을 수 없다. 짧지만 길게 느껴졌던 그 순간. 그 순간이 귀한 시간이라는 것을 아버지가 떠나신 뒤에야 알았다.

골뱅이 @

오래전 마음을 읽다

이메일의 받은메일함 메시지는 그때그때 삭제했는데, 보낸 메일함의 메시지가 차곡차곡 쌓여 있는 것을 알았다. 메시지를 거슬러 올라가다 오래전 네게 보낸 편지를 발견했다.

새벽녘에 내린 비가 잠결에도 몸과 마음을 시원하게 해줬지만, 그것이 한낮에도 지속되지는 않는구나! 추운 겨울에는 따뜻한 봄이 그립고, 더운 여름에는 시원한 가을이 그립지만, 봄과 가을이면 짧은 순간을 아쉬워하던 기억이 난다. 그러고 보면 어떤 계절도 어느 순간도 제대로 즐기지 못하고 산다는 생각이 든다.

그런데 너는 언제라도 삶을 즐기면서 살고 있으리라. 학창 시절에 문득문득 너를 보면서 생각하곤 했지……. 저 아이는 삶을 참 솔직하고 성실하게 사는구나. 남을 불편하게 하지 않고 자신을 드러내고 산다는 것은 쉬운 일이 아닌데 말이야. 본인은 아니라고 하겠지만, 넌 참 주변을 밝게 만드는 재주가 있어. 오늘도 네 주변만큼이나 너 자신에게도 환하게 대할 수 있는 하루가 되길 바라.

글이란 상대에게만이 아니라 자신에게도 하는 말임을 깨닫는다. 나 역시 주변을 그리고 나 자신에게 환하게 하고 싶은 마음이 가득하다! 그럼 또 연락하자.

_2008. 7. 17.

\# 할머니의 그림자

단어에는 사람마다 자신이 경험한 온도와 색이 입혀진다. 어떤 단어는 소리를 낼 때마다 그립고 애틋한 미소가 지어진다. 그런 단어 중 하나가 할머니가 아닐까 한다. 할머니의 따뜻한 손이 겨울바람에 꽁꽁 언 손을 녹여준다. 엄마한테 꾸중을 듣고 할머니 방으로 달려간다. 그러면 여느 때처럼 포근한 목소리로 안아서 달래준다. 카스텔라처럼 할머니 품은 폭신하고 달큼하다.

    늘 바라던 할머니의 모습은 텔레비전이나 영화에서 만날 수 있었다. 내게 할머니는 불같이 뜨거웠고 얼음처럼 차가웠다. 그 뜨거움과 차가움의 양극단에서 마음을 온전히 기댈 수 없었다. 할머니는 시간이 되면 떠나는 친밀한 이웃처럼 다감했다가 어느 때는 함께 사는 이방인처럼 너무 멀게 느껴졌다.

내가 어렴풋하게 기억하는 일에 대해 명절이면 작은아버지들은 종종 말씀하셨다. 대여섯 살이었을 때, 마당에서 놀고 있던 나를 닭이 쪼아서 상처를 입혔다. 화가 난 할머니는 삼촌에게 그 닭을 잡게 했고 그날 밥상에 닭이 올라왔다고 했다.

한번은 집 근처 풀밭에서 풀을 뜯고 있던 소가 꼬리를 치며 파리를 쫓는 모습이 눈에 들어왔다. 호기심으로 소의 엉덩이를 지푸라기로 살살 건드렸다. 꼬리를 홱홱 치는 모습이 그저 흥미로웠다. 잠시 후에 파리가 아니라는 것을 알아챘는지 소가 뒷발로 나를 찼다. 나는 몇 바퀴 굴렀고 울음을 터트렸다. 울음소리에 맨발로 달려온 할머니는 나를 품에 안았고 삼촌은 소의 고삐를 잡아당겼다. 나는 갑작스러운 발차기에 놀랐을 뿐 크게 다치지는 않았다. 나는 놀라서 얼굴이 붉게 달아올랐고 사색이 된 할머니는 하얗게 질려 있었다. 할머니의 사랑과 그 사랑에 드리워진 그림자가 늘 마음에 걸렸다.

손자를 원했던 할머니는 넷째도 손녀인 사실에 절망 섞인 분노를 느끼셨다고 한다. 할머니는 다른 손주와 여동생에게 대하는 태도가 사뭇 달랐다. 할머니의 인내심이 네 번째가 아니고 세 번째에 바닥났다면 어땠을까? 할머니는 '열 손가락 깨물어서 안 아픈 손가락이 어디 있겠냐?'라고 자주 말씀하셨지만, 그 말은 늘 공허한 메아리처럼 들렸다.

할머니의 모진 마음을 견딘 또 한 사람은 엄마였다.

동생이 커가면서 할머니는 예전처럼 그녀를 대하지 않았다. 그러나 엄마의 한결같은 순종적인 태도에 할머니는 당신의 언행에 정당성을 부여받은 것처럼 때때로 날을 세웠다. 그런 날 선 모습은 내게 보여준 뜨거운 애정을 차갑게 식혔고, 엄마에게 보내는 냉혹한 애증을 더 크게 각인시켰다.

　　엄마의 병세가 서서히 진행될 무렵 아버지는 분가를 결정했다. 할머니는 당신이 나가라는 말은 안 했다며 적잖이 당황했다. 짐을 싸고 있는 방문을 슬며시 열고 "너는 나랑 살면 안 되겠니?"라고 말씀하실 때 나는 아무 말도 할 수 없었다. "제 어미만 알지. 애들에게 내 말을 어떻게 했길래 죄다 제 편으로 만들어 놓고." 할머니에게 남았던 한 자락 연민마저 순식간에 날아가 버렸다.

　　눈에서 멀어지면 그 사람을 조금 더 객관적으로 보게 된다. 늘 함께 부딪치다 보면 예쁜 것보다 거슬리는 것에 먼저 눈이 간다. 예쁜 것은 익숙해져서 당연해지고 거슬리는 것은 볼 때마다 계속 불편한 시선으로 남게 된다. 따로 살면서 가족이라는 굴레에 갇혀서 이해하려고 애쓰기보다 할머니를 존재 그대로 받아들이게 됐다. 무엇보다 엄마에게 향하던 모진 말을 듣지 않게 되자 할머니에게 향하던 뾰족한 마음도 점점 무뎌졌다.

　　어느 겨울 크리스마스쯤이었다. 수업을 마치고 케이크를 사서 할머니에게 가고 싶은 마음이 불현듯 들었다. 할머니가 평소에 좋아하지도 않는 케이크라니, 너무 뜬금없이 떠오른 생각이었다. 게다가 너무 늦은 시간이라 행동으로 옮기지 못했다. 그리고 얼마 지나지 않아서 할머니께서 돌아가셨다. 그날 시간에 상관없이 할머니를 찾아가야 했다는 생각이 여전히 마음에서 떠나지 않는다. 할머니는 제출하지 못할 숙제를 내게 내어주고 그렇게 떠나셨다.

 나는 할머니처럼 뜨겁거나 차갑지 않은 중간 어딘가의 온도를 갖고 싶었다. 너무 뜨거워지지 말자. 그렇다고 너무 차가워지지도 말자. 가끔 누군가와 말한 끝에 또는 잠자리에 들기 전에 묻곤 한다, 내 마음의 온도가 몇 도인지. 어느 순간 점점 차가운 쪽으로 기우는 것은 아닌가, 하고 자문한다. 뜨겁지 않은 온도가 상황에 따라 누군가에게는 차갑게 느껴질 수 있다. 그걸 알면서도 내가 생각하는 적정한 온도 이상으로 올리는 것은 쉽지 않다.

 유난히 내가 할머니의 얼굴을 닮았다고 사람들이 말할 때마다 나는 인정하지 않았다. 어느 날 거울 속에서 할머니의 모습과 흡사한 나를 발견하곤 깜짝 놀랐다. 그 뒤로 거울 앞에 설 때마다 할머니의 시선으로 나를 바라본다. 그렇게 할머니는 내 마음의 방향을 확인하는 그림자가 되었다. 삶의 나침반. 이것이 할머니가 내게 남기신 숙제의 답이다.

코스모스가 있는 풍경

돈암서원 앞에 코스모스가 활짝 폈어요.

코스모스가 만개한 세 장의 사진이 카톡으로 왔다. 돈암서원에서 문화관광 해설사로 근무하던 지인이 사진을 보내왔다. 어제부터 미열이 있었지만, 코스모스가 보고 싶어 언니에게 전화해서 함께 가자고 했다. 지난해 농지였던 곳에 코스모스가 한가득 피어 있었다. 코스모스 명소라고 소개한 사이트나 드라마에서 본 적은 있었지만, 이렇게 많은 코스모스를 직접 본 것은 처음이었다. 코스모스 사이로 난 길을 따라 천천히 걸으니 힘들었던 몸이 다소 가벼워졌다. 코스모스에 다가가서 고개를 숙이자 하늘거리던 꽃이 얼굴을 간질이며 귀엣말하는 듯했다.

　　코스모스에 대한 기억은 초등학교 4학년쯤으로 거슬

러 올라간다. 안양에서 논산으로 이사 오면서 초등학교까지 30~40분 정도 걸어가야 했다. 가을이면 길가 양쪽으로 코스모스가 피었다. 15분 정도 걸어가면 한 마을의 중심가에 도착했다. 농협, 철물점, 여러 개의 상점, 식당 등이 길 양쪽에 자리했다. 한쪽은 논산으로 운행하는 버스 종점이었고, 다른 쪽은 공주로 가는 버스의 종점이었다. 이런 복잡한 곳에 코스모스를 위한 공간은 없었다. 5분 정도 지나가면 학교로 가는 길에 다시 코스모스가 있었다.

　코스모스가 움이 트고 잎맥 같은 작은 이파리가 나온다. 줄기가 자라고 꽃망울이 생기고 꽃이 핀다. 코스모스가 피는 모든 과정을 학교와 집을 오가며 눈에 담았다. 코스모스는 우리의 시선 하나하나, 걸음 하나하나로 꽃을 피웠다.

　어느 날 선생님을 도와드리고 나니 혼자 집까지 걸어가야 했다. 혼자서 간다고 생각하니 발걸음은 무겁고 마음에 긴장감이 일었다. 교문에서 나와 집들이 있는 골목을 재빠르게 지나쳐서 길가에 도착했다. 버스정류장을 지나자마자 코스모스로 이어진 길이 눈에 들어왔다. 조금 전까지 낯설게 느껴졌던 공간이 친밀해졌다.

　6학년 때, 담임 선생님께서 '가을'을 주제로 동시 쓰는 숙제를 내주셨다. 가을 하면 많은 것이 있지만, 나는 코스모스가 가장 먼저 떠올랐다. '한길가에 코스모스 빨강 분홍 흰색/ 어쩌면 이리도 색깔이 고울까/ 빨강은 내 신발/ 분홍은 내 치마/ 흰색은 내 마음// 한길가에 코스모스 빨강 분홍 흰색/ 어쩌면 저리도 색깔이 환할까/ 빨강은 엄마 사랑/ 분홍은 엄마 얼굴/ 흰색은 엄마 미소' 그 뒤로 엄마와 나는 코스모스로 연결되었다.

엄마가 돌아가신 다음 해 가을, 벌초하러 산소에 갔다. 엄마를 종중산에 모셨는데, 산 중턱에 절이 있다. 절 입구 주차장 바로 옆으로 난 산길을 약간 올라가면 엄마의 산소가 있다. 주차장 한쪽부터 엄마의 산소로 이어지는 입구까지 코스모스가 만발하였다. 이전까지 내가 본 코스모스는 무릎이나 허리 정도의 높이였는데 그곳의 코스모스는 내 키를 훌쩍 넘어 고개를 들어야만 온전히 꽃이 보였다. 초록의 잎과 자주, 빨강, 분홍, 흰색의 꽃은 파란 하늘을 수놓았다. 작년 늦가을에 삭막했던 그곳이 꽃으로 만발하니 완전히 다른 장소처럼 느껴졌다. 게다가 코스모스가 피어 있어서 엄마가 더 가까이에 계신 듯했다. 그렇지만 어쩔 수 없이 엄마 산소 입구의 코스모스를 베어야 했다.

그날 집에 오는 길에 '엄마와 코스모스'가 내내 떠올랐다. 나는 마음속으로 엄마 산소를 '코스모스가 피어 있는 집'이라 지었다. 그다음 해에 하늘을 닿을 듯한 코스모스를 기대하였으나 무릎 높이의 꽃들만 드문드문 피어 있었다. 코스모스가 있든 없든 여전히 엄마의 안식처는 코스모스와 불가분의 관계이다. 코스모스가 핀 곳은 어디나 엄마의 품 같고 엄마가 계신 집 같다.

코스모스를 볼 때마다 카메라에 담지만, 찍은 사진은

언제나 마음에 들지 않았다. 세밀화 수업을 들으면서 기회가 되면 코스모스를 그려야겠다고 마음먹었다.

그리는 실력이 늘 제자리걸음이지만, 올해는 코스모스를 그리기로 했다. 엄마의 사랑인 빨강 코스모스, 엄마의 얼굴인 분홍 코스모스, 엄마의 미소인 흰색 코스모스. 그 외에 다양한 색의 코스모스를 그렸다. 엄마의 초상을 그리듯 꽃잎 하나하나에 정성을 담았다. 꽃을 감싸는 초록 잎사귀를 더하니 더욱 환한 엄마의 모습이 드러났다.

고양이의 애도

자정을 앞둔 11시 56분.

갑자기 울음소리가 들렸다. 사이렌처럼 소리가 점점 증폭됐다. 처음에는 아이의 울음소리인 줄 알았는데 고양이 울음소리였다. 고양이들이 어디에 있는지 가늠할 수는 없지만, 한두 마리가 아니라 수십 마리가 우는 것 같았다. 어두운 밤을 여러 갈래로 가르는 고양이 울음소리. 그 처절한 절규가 신경을 곤두세웠다. 몸을 곧추세우고, 꼬리를 꼿꼿이 들고, 머리를 하늘로 향한 채 소리 내는 고양이가 눈앞에 그려졌다. 눈물이 흐르지 않는 슬픔을, 울음으로 토해내고 있었다. 밤의 장막에 갇힌 자신들의 존재를 소리로 각인시키고 있었다. 누구를 위해서 저렇게 울고 있는 것일까? 무엇 때문에 저렇게 처절하게 소리를 내는 것일까?

오늘 오후에 목격했던 광경이 떠올랐다. 운전 중에 도

로 가운데에 로드킬을 당한 고양이 한 마리를 발견했다. 흔히 볼 수 있는 검은색과 흰색이 섞인 코리안 쇼트헤어. 차들이 연속해서 달리는 도로에서 할 수 있는 것은 그저 흐름에 맞춰 계속 가는 것뿐이었다. 예상치 못한 죽음에 안타까움이 밀려오는데 조금 떨어진 도로 가장자리에 죽어 있는 새끼 고양이가 보였다. 어린 주검을 마주한 후에 마음은 더욱 혼란해졌다. 엄마 고양이와 새끼 고양이였을까? 두 마리가 길을 건너다 다가오는 차를 발견하고는 어미 고양이가 새끼 고양이를 밀쳤을까? 어미의 노력은 허사였고 둘 다 비극을 피할 수 없었을까? 무슨 상상을 하든 뜻밖에 목격한 그들의 죽음에 마음이 가라앉았다. 무엇보다 그 둘을 뜨거운 도로에 남겨둔 채 지나치는 내가 무정하게 느껴졌다.

    한밤중에 고양이의 울음소리를 듣고서야 오늘 오후에 있던 일이 생각났다. 어떻게 까마득하게 잊고 있었지? 고양이의 죽음에 무거웠던 마음이 헬륨가스로 채워진 풍선의 무게만큼이었나? 가벼워도 부피는 있었을 텐데 손에 들고 있던 풍선이 사라져도 알아채지 못했다. 낮에 있었던 일을 떠올리니 신경질적인 소리가 구슬프게 들리기 시작했다. 끊이지 않는 울음소리가 애도처럼 들렸다. 누구도 기억하지 않는 죽음을 위해 그날이 가기 전에 울어 주는 것 같았다.

    새벽 12시 6분. 고양이의 애도는 끝났다. 영원히 지속될 것 같던 울음이 그쳤다. 순식간에 적막이 내려앉았다. 아무 일도 없었다는 듯이 자신들의 길을 찾아 뿔뿔이 흩어지는 고양이들을 상상한다. 짙은 어둠이 내려앉은 그 깊은 밤에 그들은 어디로 갔을까? 그들의 애도가 하늘에 있는 어미와 새끼 고양이에게 닿았을까?

책을 읽거나 영화를 보다가 눈물을 흘리는 경우가 더 많아졌다. 텔레비전을 시청하다가 눈물을 흘리는 빈도가 점점 높아졌다. 나이가 들수록 사소한 것에도 눈물을 흘린다더니, 나이 탓으로 위안을 삼으려 해도 예기치 못한 상황에서 눈물이 난다.

하루는 병원에서 진료 순서를 기다리면서 책을 읽고 있었다. 한번 밖에서 소설을 읽다가 나오려는 눈물을 간신히 억눌렀던 적이 있다. 그 뒤로 나갈 때는 되도록 소설책을 갖고 가지 않는다. 그날은 소설책도 아니었는데 부지불식간에 눈시울이 뜨거워졌다. 책장을 덮었음에도 이미 글귀에 젖은 마음은 쉬이 사그라지지 않았다. 주위의 앉은 사람들이 나를 신경 쓰지 않다는 것을 알면서도 의식하지 않을 수 없었다. 마음이 더는 감정에 부풀지 않기를 바라면서 눈을 감았다. 머리가 심장보다 빨리 차가워지길 바라며 감정을 식히려고 애쓰는데 간호사가 내 이름을 불렀다. 붉어진 눈이 조금이라도 가라앉았길 바라면서 천천히 책을 챙겨 진료실로 들어갔다.

눈물을 쉽게 흘리고 작은 일에도 감정이 흔들린다고 공감을 잘한다는 증표일까? 책이나 드라마를 보면서 흘리는 눈물은 학습된 감정에 따라 자동으로 나오는 것 같다.

고양의 울음소리를 듣고 나서 내가 누군가를 애도하기 위해 뜨겁게 운 적이 있는지를 되돌아보았다.

어머니가 돌아가시고 마음의 온도가 낮아지고 아버지께서 돌아가신 후에는 더더욱 차가워진 것 같다. 내 마음이 점점 굳어지고 있는 것이 아닐까? 애도의 온기만 식은 것이 아니라 환희의 열기 역시 무뎌지는 것이 아닐까? 결국에는 삶의 활력이 감소하고 있는 것이 아닐까?

10여 분간 들리던 고양이의 울음소리는 애도만이 아니라 뜨겁게 살아가라고 외치는 울림이었다.

물음표 ?

자신과 마주하기

질문을 받으면 기쁘기도 하지만, 때로는 당황스럽고, 가끔은 귀찮기도 하다. 그런데 질문하는 것이 더 어렵다. 사람이든 사물이든 관심을 가져야 하기 때문이다.
누구에게, 무엇에 관련해서 질문했는지 떠올려 본다.
문득 내게 얼마나 자주 물었는지 뒤돌아본다.

몽테뉴가 한 말을 떠올린다.
"끄세쥬 $^{\text{Que sçay-je}}$? 나는 무엇을 아는가?"

소리가 사라졌다

휴일 아침이면 서툴고 음이 끊긴 피아노 소리가 들렸다. 글자를 막 배워서 한 글자 한 글자 또박또박 읽듯이 한 음 한 음을 정성껏 치고 있었다. 초저녁에 학교 과제인지 리코더를 연습하는 소리가 들리곤 했다. 밤에는 아기 울음소리가 더욱 크게 들려왔다. 날이 새면 복도를 왔다 갔다 반복하는 삑삑거리는 어린아이의 신발 소리가 들렸다. 아파트 1층 놀이방과 아파트 후문 맞은편에 있는 어린이집은 어린아이들로 오갔다. 여러 어린이집 차량이 아파트 주차장에서 원아들을 태웠고, 오후에는 도복을 입은 아이들이 태권도 차량에 올랐다.

    시간이 지나면서 점점 젊은 세대들은 신축 아파트로 이사했다. 아이들은 자라서 대학생이 되어 집을 떠났다. 최근에 1층에 있는 놀이방이 문을 닫았다. 점점 소리가 사라지고 있었다.

2부 그리움이 노을처럼 물들면

새벽 두세 시가 되면 어느 층의 몇 호인지 분간할 수 없지만, 젊은 부부가 목청 높여 싸우는 일이 잦았다. 술 마시고 늦게 들어온 남편과 그를 타박하는 아내의 말다툼은 사방으로 퍼졌다. 그러면 어김없이 어린 남자아이가 울면서 부모의 싸움을 말리는 소리가 들렸다. 대여섯 살 정도의 울음이 섞인 목소리가 들릴 때마다 안타까운 현실에 몸서리쳤다.

어느 날인가부터 싸움 소리가 들리지 않았다. 그 집이 이사했다는 말을 들었다. 슬픈 목소리를 끝으로 우리 아파트 동에서 아이 소리는 사라졌다.

그나마 등하교 시간에 아파트 내 도로에 교복을 입은 학생들이 눈에 많이 띈다. 우리 아파트 내 도로가 학교와 집을 오가는 지름길이기 때문이다. 종알거리며 무리 지어 다니는 모습에서 활기를 느낀다. 무엇이 저리 신이 나고 즐거운지 웃는 얼굴이 반갑다.

"재민이는 잘 지내고 있지요?"
"그럼요. 이제 중학생이에요. 엄마 아빠랑 베트남에 있어요."

오랜만에 엘리베이터에서 마주친 한 어르신에게 손자의 안부를 여쭈었다. 재민이가 갓난아이였을 때 맞벌이 자녀를 대신해서 할머니 할아버지가 키웠다. 커다란 눈에 오뚝한 코, 하얀 얼굴을 한 아이는 같은 동의 주민들에게 사랑을 받았다. 할머니 등에 업혀서 외출하는 아이의 환한 웃음은 만나는 사람에게 기쁨을 안겼다. 서서히 뒤뚱거리며 걸어 다니더니 시간이 지나자 1층 놀이방에 다녔다. 주말이면 할머니 품에 안겨 엘리베이터 앞에서 엄마 아빠와 작별하던 아이는 초등학교에 입학하면서 부모의 품으로 돌아갔다. 얼마 전에 초등학교 4학년이라고 들은 것 같은데 어느새 중학생이 되었다.

    재민이를 보내고 얼마 지나지 않아 할머니는 곱게 화장하고 실버 일자리에 다니기 시작했다. 손자를 돌보며 지내실 때와 다른 색깔의 활기가 할머니에게서 발산되었다. 그것도 잠시 할아버지의 건강에 이상이 생기면서 할머니의 웃음이 희미해졌다. 최근에 할아버지는 떠나셨고 할머니의 얼굴은 한동안 초췌했다.

    작년 우리 시에서 태어난 아이 수는 400명을 넘지 않는다. 어느 면 소재지에는 한 명도 태어나지 않았다. 반면에 작년에 사망자 수는 1,300명이 넘는다. 아이의 소리만이 아니라 더 빠른 속도로 사람의 소리가 사라지는 중이다. 어떤 마을의 한 주민이 "우리 마을은 청년회가 없어요. 내가 가장 젊은데 예순네 살이에요."라고 말했다. 청년회가 예순 살까지라는 것도 놀라운데 예순넷이 가장 젊은 마을이라니. 먼 미래처럼 들렸던 인구 소멸과 초고령 사회라는 단어가 어느덧 현실로 다가왔다.

    인구가 줄어들지만, 애완동물의 수는 증가하고 있다. 관리사무소에서 생활 소음보다는 반려동물이 짖지 않도록 주의시키라는 방송을 더 자주 한다. 또한 아이를 맡고 있다는 방송이 아니라 잃어버린 반려동물을 찾아가라고 안내한다. 엘리베이터에서 주민의 품에 안겨 있는 반려견을 흔히 마주한다. 거리나 공원에서 유모차에 탄 반려견을 자주 본다. 처음에 낯설던 그런 광경이 너무 빨리 익숙해졌다.

"앙앙 으앙"
아이 울음소리가 들려온다. 그 울음이 시끄럽다기보다는 반갑다. 한동안 리모델링하는 소음으로 시끄러웠는데 이사 나간 세대에 새로운 가족이 입주했다. 문 앞에 세워진 유모차를 볼 때마다 아이에 대한 기대가 높아졌다. 날이 더 따뜻해지면 유모차를 타고 부모와 외출하는 아이를 볼 수 있겠지.

얼마 전에 본 기사가 오래 여운이 남는다. 어떤 부부가 새벽에 아이가 우는 것이 미안해서 아파트 주민에게 선물과 함께 미안함을 전하는 편지를 돌렸다. 선물을 받은 한 주민이 아이의 울음소리가 반갑다면서 무례한 줄 알지만 다른 곳에 쓰라며 선물을 돌려주었다. 더불어서 부부에게 아이의 옷을 선물했다.

아이 하나를 키우기 위해서는 마을 전체가 필요하다는 아프리카 속담이 회자하는 요즘이다. 아이를 키우는 데 이래라저래라 참견하는 것이 아니라 지켜보는 것도 키우는 것이 아닐까? 사라지는 소리보다 더 많은 소리가 들려오길 고대하고 있다.

한
여
름
의
꿈

일가 어른들이 한자리에 모였다. 매년 8월 15일이면 한 가정씩 돌아가며 음식을 준비해 손님을 맞았다. 식사한 후에 그 지역의 명소를 방문하며 즐거운 한때를 보내곤 했다.

어느 해, 부여에 사는 친척 집에서 모였다. 부모님을 모시고 목적지에 도착하니 인근은 이미 주차장으로 변해 있었다. 대문 안으로 들어서니, 부엌과 마당에서 아주머니들이 음식을 하고, 아저씨 몇 명이 상을 차리느라 분주했다. 먼저 식사가 끝난 분들이 그릇을 정리해 바깥 수돗가로 가져왔다. 엄마는 일손을 거들기 시작했고, 나는 설거지를 하려고 자리를 잡았다. 내가 수세미에 세제를 뿌리기도 전에 한 어른에게 제지당했다. 엄마를 모시고 들어가 식사하라고 자꾸 등을 떠밀었다.

모든 분의 식사가 끝나고 부여의 명소에 갈 준비를 마

쳤다. 어른들이 이끄는 대로 이곳저곳을 다녔지만, 마지막으로 간 백마강 유람선이 가장 기억에 남는다. 유람선이란 단어에 기대감이 부풀었으나 나루터에 도착해서 무척 실망했다. TV에서 흔히 나오는 이 층의 하얀색 배는 아니어도 적어도 정갈한 배를 기대했다. 배는 낡았고 제대로 운행할 수 있을지 의문이었다. 내 걱정이 무색하게 배는 선착장을 떠났다. 백마강과 낙화암에 관해 카세트테이프에서 설명이 나왔다.

얼굴에 부딪히는 강바람을 맞으며 배의 움직임에 몸을 맡겼다. 얼마 지나지 않아 옛 선조들이 왜 물살이 느린 곳에 배를 띄우고 낚싯대를 드리웠는지 이해가 되었다. 강태공이 고기가 아니라 세월을 낚는 중이라는 그 유유자적한 삶의 한가운데에 있는 기분이었다. 평온했던 감상은 낙화암에 다가갈수록 흐트러졌다.

의자왕과 삼천궁녀의 전설을 품은 낙화암. 비운의 전설이 깃들지 않았다면, 백마강 한쪽을 둘러싼 낙화암이 병풍처럼 운치 있게 느꼈을 텐데. 게다가 삼천이라는 터무니없이 왜곡된 숫자로 인해 더 애처롭고 위태로워 보였다. 뛰어내릴 수밖에 없는 궁녀들의 상황을 생각하니 애달픈 감정이 고조되었다. 드라마에서는 위기에 닥친 주인공들이 절벽에서 뛰어내리면 늘 물속으로 떨어져 목숨을 구하지만, 현실에서는 얼마나 가능할지……. 사실 그들은 살고자 뛰어내린 것이 아니라 닥칠 고통을 끊고자 뛰어내린 것이기 때문에 더욱 안타까웠다.

우리가 마지막 시간대의 배를 타서 낙화암에 오르지 않고 다시 선착장으로 향했다. 낙화암을 오르지 못해서 아쉬웠지만, 다시 올 이유가 있는 것으로 위안을 삼았다. 배의 방향이 바뀌자, 반대쪽 풍경이 눈앞에 펼쳐졌다.

뜨거운 8월의 열기가 하루 종일 따라다녔다. 아무리 만남이 즐거울지라도 감내해야 하는 고충이 적지 않았다. 협소한 공간과 무더위, 특히 많은 음식을 준비해야 하는 어른들은 이 모임에 상당한 중압감을 느꼈다. 몇 년 동안 시원한 계곡에 모여 물놀이로 대체했으나, 논의 끝에 매년 8월 15일에 열렸던 모임은 막을 내렸다.

8월의 만남이 중단된 지 10년도 더 지났는데, 이 무더운 여름, 우리 집 마당에 친척들이 한자리에 모였다. 오랜만에 만나서인지 아버지와 친척들의 얼굴에 웃음이 가득하다. 마당에 대형 천막이 쳐져 있고 식탁과 의자가 길게 놓였다. 음식을 나누며 이야기하느라 시끌벅적하다. 아이들은 마당 한쪽에서 노느라 음식에는 관심이 없다. 부엌에서는 어머니와 작은어머니들이 계속해서 음식을 내오고 있다.

카메라를 따라가듯 안방에 들어가니 할머니와 할아버지, 이웃 어른들이 식사하고 계셨다. 무척 평범하지만, 어떤 이질감이 머리에 스쳤다. 바깥은 여름이라 시원한 옷을 입고 있는데, 방의 어른들은 두꺼운 겨울옷을 입고 있었다. 알 수 없는 긴장감에 심장이 빨리 뛰고 호흡이 거칠어졌다. 마당은 뒤늦게 도착한 여섯째 작은어머니와 사촌 여동생을 반기느라 소란스러웠다. 한동안 소식이 없어서 무척 궁금했는데 얼굴을 보니 하염없이 반가웠다. 인사를 나누는 작은어머니와 사촌 여동생 옆에 서서 잠시 마당의 풍경을 눈에 담았다.

　이제야 집의 구조가 한눈에 들어온다. 새집이 지어지기 전의 집이다. 이상한데……. 더 빠르게 뛰는 심장으로 피가 아니라 눈물이 차올랐다. 아버지와 어머니가 웃고 계신다. 심장에 가득 찬 눈물이 눈가로 모여들었다. 할머니와 할아버지를 뵈었을 때 느꼈던 이질감의 실체를 알아버렸다. 꿈속이라는 깨달음. 지금 꿈을 꾸고 있구나. 꿈속에서 나는 여전히 웃고 있지만, 침대에 누워 있는 나는 울음을 억누르느라 입술에 힘이 들어갔다. 눈을 떴을 때, 나는 흐느끼고 있었다.

　악몽을 꾸거나 가위에 눌렸을 때, 꿈이라고 자각하면 거기에서 벗어나는 데 효과가 있다고 책에서 읽은 적이 있다. 잠들기 전에 '이건 꿈이야.'를 속으로 되뇌며 잠자리에 들곤 한다. 이런 반복적인 행동은 항상 그런 것은 아니지만, 어떤 꿈은 꿈이라고 인식하게 되었다. 가끔은 꿈이라고 인지하면, 잠에서 깨지는 않더라도 행동을 의지대로 바꾸기도 한다. 그로 인해 악몽과 가위눌림에 스트레스를 덜 받는다.

　자각몽의 단점은 부모님 꿈에 찾아오실 때도, 빠르게 자각한다는 거다. 꿈이라고 인식한 순간 새드엔딩 영화를 보는 것처럼 마음에 슬픔이 깃들기 시작한다. 행복한 꿈속과 달리 실제의 나는 부모님이 안 계신다는 사실에 상실감을 느낀다.

부모님이 꿈에 찾아오실 때, 꿈속에 오래 머물길. 깨어나서 허전하더라도 꿈에서 더 길게 행복하길.

미치지 못할지라도

화가의 신들린 듯한 붓의 터치에 빠져든 적이 있다. 영상은 시간의 흐름을 빠르게 보여주고 화가는 쉼 없이 몰두해서 캔버스에 그림을 그린다. 한 점의 그림이 완성되는 과정에서 내 눈길을 끈 것은 그림 자체보다 화가의 놀라운 집중력이었다. 저런 무아경에 빠지면 어떤 느낌일까? 러너스 하이Runner's High처럼 피로가 사라지고, 몸이 가벼워지고, 기분이 좋아져서 오랜 시간을 그림만 그려도 황홀할까? 그런 행복을 느끼기 위해서 그런 과정을 반복하는 것일까? 사실 그런 몰입 상태에 빠져보지 못한 사람은 어떤 느낌인지 정확히 모른다. 그런 상태를 믿지 못하거나 한 번이라도 경험할 수 있다면 삶의 변곡점이 될 것 같다는 막연한 기대를 한다.

추사 김정희는 '불광불급不狂不及. 미치지 않으면 미치지 못한다.'고 했다. 추사체는 하루아침에 이루어진 것이 아니라 부단한 노력의 산물이다. 단순한 꾸준함이 아니고 최고 수준에서의 꾸준함으로 얻은 결과이다. '불광불급'이라는 말은 느리지만 꾸준한 속도가 아니라 단거리 속도로 마라톤을 뛰어야만 얻을 수 있는 고난도의 실체이다. 그만큼 사력을 다해야 도달하려는 목표를 성취할 수 있음을 말한다.

내가 과제를 확인하는 동안 단어를 외우고 있던 K가 자조 섞인 목소리로 "공부에 미쳐 봤으면 좋겠어요."라는 말을 흘렸다. '미치다'라는 단어가 전하는 절실함에 고개를 들어 K의 얼굴을 잠시 응시했다. 공부에 도취해서 나오는 희열을 맛보고 싶다는 간절함. 그런 희열을 느낄 만큼 공부에 몰입한 적이 없는 미지의 영역에 대한 목마름. 정말 열심히만 하면 현재 수준을 훨씬 능가하여 목표에 도달할 수 있다는 기대감.

"공부에 한 번 미쳐 봤으면 좋겠다." 무심코 입에서 튀어나왔다.

"열심히만 하면 되지 미치지는 마. 미칠 정도로 공부해서 뭐 하게."

나는 벽에 기대어 앉아 상을 펴고 문제를 풀고 있었고, 엄마는 맞은편에서 무언가를 꿰매고 계셨다. 작은 소리로 말했는데 엄마에게 들렸는지 한마디 하셨다. 엄마의 말에 고개를 들어보니 엄마가 나를 빤히 보고 있었다. '그러게요, 미치지는 말고. 그래도 미친 듯이 공부하면 좋지 않을까요?'라고 말하고 싶었지만 그만두었다. 내가 아무런 말이 없자, 엄마는 바느질을 이어가며 말을 이으셨다.

"미치면 아무 소용 없어. 나 결혼하기 전에 친정 동네에 똑똑한 사람이 있었는데 공부를 잘했다는데 실성해서 혼잣말하며 이곳저곳 돌아다녔지. 미치면 내가 나인지도 모를 텐데. 그때는 공부고 뭐고 다 소용없어."

엄마는 '공부에 미쳐 봤으면 좋겠다'라는 내 말의 행간을 잘못 이해하셨다. 아니다. 의미를 정확히 파악했지만, 만에 하나의 경우를 우려해서 액면 그대로의 뜻을 말씀하셨을 거다. 평소에 엄마는 자녀들이 놀 수 있게 이런저런 신경은 쓰셨지만, 공부에 대해서는 거의 말씀이 없으셨다. 학교에서 성적을 걱정하는 친구들의 이야기를 들으면 부모님의 공부하라는 눈치에 스트레스를 받는다고 했다. 오히려 나는 부모님의 관심을 받는 것 같아서 속으로 그런 친구들을 부러워한 적도 있었다. 아버지와 달리 엄마는 성적이 잘 나오면 '잘했네.' 예상보다 안 나오면 '다음에 잘하면 되지.'처럼 감정에 큰 변화를 보이지 않으셨다.

그날 나와 엄마의 말 사이에 빈틈이 없었다. 엄마의 지체 없는 대답에서 진심을 느꼈다. 엄마는 말만으로도 내가 잘못되는 것을 원치 않는다는 심중의 말을 꺼내셨다. 엄마의 관심은 공부보다 자녀의 안위였다. 공부는 스스로 해야 할 몫이라 굳이 말씀하지 않으신 거였다. 사실 부모님이 말씀하시기 전에 공부와 성적에 가장 민감한 사람은 나 자신이었다. 거기에 굳이 말을 보탤 필요를 느끼지 않으셨을 수도 있다.

K의 얼굴을 빤히 보다가 그때의 내가 생각나서 저절로 미소가 지어졌다.
"미칠 만큼 공부하지 마." 그날 엄마의 말을 그대로 전했다. 뒤이어 내 목소리가 흘러나왔다.
"자, 솔직히 말해서 공부에 들이는 시간이 얼마큼이니? 너무 적은 거 알지? 지금 네가 할 일은 시간과 노력을 들이는 일이야. 마음만 앞서면 지치기만 할 뿐이야. 지금보다 공부 시간을 더 늘리고 더 열심히 해야 해."
K에게 교과서적인 너무 뻔한 말을 내뱉고 말았다. 그때의 엄마처럼 따뜻하게 격려하고 상대편이 아니라 같은 편이라는 위로를 줘야 했는데.
미치지 못할지라도 삶은 늘 여러 해결책을 품고 있다고.

엄마라는 이름으로

삶은 관계의 연속이다. 문을 나서는 순간 자의든 타의든 또 다른 관계에 놓인다. 일차적으로 관계는 호칭에서 드러난다. 나는 기본적으로 성명으로 불리기를 원하고, 성명이 공개되지 않을 때는 상황에 적합한 호칭을 선호한다.

어렸을 때는 어떻게 불리느냐에 크게 신경 쓰지 않았고, 듣는 호칭이 크게 마음에 거슬리지 않았다. 어느 날 처음 마트에서 '사모님'이라 불리었을 때, 그 생소한 호칭에 몸 둘 바를 몰랐다. 고객이라는 목적에 타당한 단어가 있음에도 해당 직원은 한층 정중하다고 여겼는지 연신 '사모님'이라고 칭했다. 그 당시에는 내게 가장 어울리지 않는 호칭이 사모님이라고 생각했다.

"박용신 어머님, 어디가 불편해서 오셨어요?"
귀가 불편해서 접수하는데 20대 초반의 간호사가 물

었다. 성명이 제공된 상황에서 '박용신 님'이 아니라, 게다가 태어나서 처음으로 내게 붙여진 '어머님'이라는 말이 생경해서 당황스러웠다. 살면서 내가 어머님이라는 호칭을 들을 거라고는 전혀 예상하지 못했다. 반복되는 '어머님'이라는 호칭에 얼굴이 굳어지고 마음은 붉어졌다. 갓 개원한 이 비인후과의 깨끗한 시설이 마음에 들기보다 근무자들의 지나친 친절과 호의가 불편해지기 시작했다.
"박용신 어머님, 귀에 통증이 있으세요?"
진료실에 들어섰더니 서른 정도 되어 보이는 의사가 환한 미소로 응대했다. 성함 대신 어머님이나 아버님으로 부르는 게 병원의 방침이었나 보다. 어머님이라는 호칭이 부담스럽다는 말이 입안에서 맴돌았지만, 차마 입 밖으로 꺼내지 못했다. 다만 그 뒤로 그 병원을 방문하지 않는 쪽으로 결심을 굳혔다.

흔히 쓰이는 사장님이나 선생님처럼 어머님이라는 호칭이 특별한 뜻이 없는 통칭으로 쓰인다고 하더라도 내가 어머님이라고 불리는 것은 여전히 받아들이기 쉽지 않다. 단지 결혼을 안 해서 혹은 아이가 없어서 어색한 것은 아니다.
엄마가 되었다고 모두 모성애가 있고 모성애가 당연하다고 생각하지는 않는다. 또한 모두가 부모의 소양을 갖추고 부모가 되는 것은 아님을 안다. 그럼에도 어머니라는 단어에는 거룩하고 헌신적인 의미가 담겨 있다. 내가 그런 고귀하고 고결한 무게를 감당할 수 있는 사람이 아니기 때문에 부담스럽다. 그러나 한번은 그런 무게를 감내해서라도 엄마라고 듣고 싶었다. 사실 그럴 수만 있다면 한 아이의 엄마가 되어주고 싶었다.

루시드 몽고메리의 『빨강머리 앤』의 등장인물 앤 셜리는 보육원에서 자란다. 앤은 매튜와 마릴라 커스버트 남매에게 입양되지만, 남자아이를 원했던 남매는 당황한다. 마릴라는 입양을 알선한 스펜서 부인에게 앤을 데려다주는 도중에 앤의 어린 시절 이야기를 듣는다. 사실 원작을 토대로 한 다카하다 이사오의 애니메이션 〈빨강머리 앤〉의 대사가 더 울림이 컸다.

"저는 책을 읽다가, '엄마' 하고 부르는 대목이 나오면 똑같이 불러 봐요. 엄마! 엄마~ 엄마."

엄마, 엄마, 엄마. 그리움이 가득한 목소리와 아련한 표정으로 '엄마'를 불러보는 앤을 보면서 엄마가 되어주고 싶었다. 다행히 앤은 무조건적인 사랑을 주는 매튜와 애정을 바탕에 둔 엄격한 마릴라의 품에서 자란다. 처음 아이를 키우는 마릴라는 앤과 같이 성장하면서 점점 엄마가 되어간다. 과연 내가 무수히 많은 실수와 반성, 깨달음을 반복하며 앤에게 좋은 엄마가 될 수 있을까?

오래전 한 친구가 "남편은 없어도 되는데 아이는 있었으면 좋겠어. 그런데 그 아이가 다섯 살쯤이었으면 좋겠어."라고 말한 적이 있다. 나도 그 의견에 공감하며 대화를 이어갔다. 밥도 스스로 먹고, 화장실도 혼자 가고, 어린이집에 다니며 나와 어느 정도 소통할 수 있는 아이. 종종 드라마에 나오는 또래보다 똑똑하고 조숙한 아이. 친구와 나는 대화하는 동안에 정말 완벽한 아이를 꿈꿨다. 그런 아이라면 혼자서도 키울 수 있을 것 같았다. 완벽한 아이에게 어울리는 완전한 부모가 될 수 있다고 확신하며.

그 후 스스로 수많은 질문을 했다. 내가 엄마가 된다면, 무조건적인 사랑과 믿음을 갖는 매튜 같을까 아니면 가슴에 사랑을 품은 채 겉보기에 무뚝뚝한 마릴라 같을까? 격려하고 용기를 주기 전에 다칠까 봐 시도조차 못 하게 하면 어쩌지? 아이가 힘들까 봐 미리 걱정하여 난관을 사전에 차단해서 스스로 성장할 기회를 박탈하지 않을까? 머리는 그러면 안 된다고 알고 있지만, 마음은 끊임없이 전전긍긍하였다.

결국에는 모든 질문은 기화하여 공기 중으로 흩어졌고, 대답은 골조가 없는 모래성처럼 와르르 무너져 내렸다. 내게 엄마라는 길은 가정과 상상으로도 풀 수 없는 고디언의 매듭 Gordian Knot 과 같았다. 이런 내가 나이를 먹었다는 이유로, 사회의 풍조라는 이유로 '어머니'라고 불린다니 어찌 기꺼울 수 있겠는가.

3부 아주 우연한 행복

책은 내게 위로와 위안, 기쁨을 주었지만, 살면서 강력한 회의와 허무에 빠지는 순간에 책은 힘을 잃기도 했다. 그럼에도 이런 상태를 극복하게 한 것 역시 책이었다. 삶의 의미가 희미해질 때 책에서 멀어지기도 하지만, 책은 언제나 내 옆에서 무언의 동반자가 되어 기다렸다.

책
에
기
대
어 #

'나는 사랑하는 사람을 잃은 후에도 읽을 수 있는 책을 쓰고 싶다.'

크리스티앙 보뱅의 『환희의 인간』을 읽다가 자연스레 A가 떠올랐다. 오랜만에 만난 A의 모습은 삶을 달관한 것이 아니라 삶의 일부를 잃어버린 듯했다. 나이 불문하고 A만큼 배움에 열정을 지닌 사람을 만나기 어려웠다. A는 원하는 분야에 모든 감각을 열어 발견하고 받아들이려 매 순간 노력했다. 그러나 그날은 다른 사람을 마주하고 있는 것 같았다. 그런 A에게 책 한 권을 건넸다. 건네는 손이 난처하고 마음은 난감했다.

"나 요즘 책 한 권도 못 읽어. 올해 아버지가 돌아가시고 제정신이 아니야. 마음이 너무 공허하고 가슴이 답답해서 미칠 것 같아. 아버지를 생각하면 눈물이 나고 가슴에 뜨거운 불길이 일어 나를 집어삼키는 것 같아. 그런데 남편은 내 심정을 이해하지 못해. 공부고 책 읽는 거고, 그냥 다 허무해…….”

A는 자신의 답답함을 들어줄 누군가가 필요했던 것처럼 한 시간 반이 넘게 그간의 일을 토해냈다. 아버지의 그늘에서 벗어나 보란 듯이 자신의 삶을 선택했지만, 누가 봐도 힘든 삶이었다. 삶에 후회라는 감정이 드리우면 실패한 인생일까 봐 늘 열심히 살았다. 시어머니의 부당한 대우. 남편의 무덤덤한 태도. 그럼에도 자신이 선택한 사랑을 지키려고 견디며 보듬고 살아온 세월. 그 시간을 인내하게 한 하나는 끊임없는 지적 탐구였다. 순수한 배움에 대한 열정이자 A의 자존감을 지키는 버팀목이었을지도 모른다. A를 볼 때마다 배움에 대한 열정이 철옹성처럼 단단해서 어떤 일에도 흔들리지 않을 것 같았다.

아버지가 돌아가신 후 A의 마음이 흩어져 방향을 잃었다. 하늘의 북극성이 사라진 걸까? 지켜보는 아버지가 계신 것이 A가 최선을 다하도록 이끄는 동력이었을지 모른다. 누구든 주어진 삶을 열심히 사는 것은 당연하다. 그러나 A가 행복하게 살고자 하는 배면에는 아버지에게 보이기 위한 심리가 있지 않았을까. 자신의 선택이 틀리지 않았다는 증명. 아버지가 돌아가신 후에야 아등바등 살아온 세월의 의미가 퇴색되었을까. 아버지에게 그렇게 자존심을 내세울 필요가 없었다는 것을. 이것이 A를 힘들게 하는 게 아닐지 섣부르게 짐작할 뿐이다.

A의 남은 목표는 남편을 잘 먹이는 일이라 한다. 남편에게 매 끼니를 성대하게 차려준다. 무심한 남편에게 잘하고 싶냐는 물음에 자신의 선택이었으니까 끝까지 해야 후회가 없다고 한다. 지나온 세월을 후회하지 않는다고 말하는 A가 대단하면서 한편으로는 안쓰러웠다. 후회하면 좀 어떤가? 실수를 인정하고 새로운 방향으로 나아가는 기회가 아닌가?

A는 헤어지면서 "이 책이 계기가 되어 다시 책을 읽게 될지 모르겠네요."라며 인사했다. 그러나 A에게 더 많은 시간이 필요해 보였다. 호되게 넘어졌다면 그동안 책에 쏟은 열정의 깊이만큼 아래로 떨어졌을지 모른다.

어느 날 닥친 뜻밖의 사건으로 열심히 하던 일에 불현듯 회의와 허무가 찾아든다. 회의처럼 가볍게 찾아온 감기일 때도 있지만, 허무처럼 심한 독감이라면 혹독한 시간을 보내야 한다. 나는 이런 회의와 허무의 구렁텅이에 계단이 놓여 있다고 생각한다. 어쩌면 자신도 모르는 사이 출구를 향해 한 계단 한 계단 오르고 있을지 모른다. 운이 좋으면 엘리베이터를 찾아서 단번에 원위치로 복귀할 수도 있다. 여전히 헤매고 있어도 포기하지만 않으면 밖으로 나가는 문을 발견할 것이다. 가장 주의해야 할 경계는 더 밑으로 내려가는 구덩이를 파지 않는 일이다. 인생이 덧없다고 계속 외치면 끝내는 절망의 덫에 갇히고 만다.

고백하자면 '나는 사랑하는 사람을 잃은 후에도 읽을 수 있는 책을 쓰고 싶다.'라는 문장을 읽었을 때 가장 먼저 떠오른 사람은 바로 나 자신이었다. 책은 내게 위로와 위안, 기쁨을 주었지만, 살면서 강력한 회의와 허무에 빠지는 순간에 책은 힘을 잃기도 했다. 그럼에도 이런 상태를 극복하게 한 것 역시 책이었다. 삶의 의미가 희미해질 때 책에서 멀어지기도 하지만, 책은 언제나 내 옆에서 무언의 동반자가 되어 기다렸다.

나는 A를 믿는다. 그녀는 책에서 영원히 멀어질 사람이 아니다. 설령 멀어지면 어떤가? 삶의 의미는 책에서만이 아니라 가족이나 친구 등의 다양한 관계를 통해서, 운동이나 명상 등 여러 활동을 통해서 발견할 수 있다. 단지 A의 마음에 평온이 깃들길 바랄 뿐이다.

한동안 마음이 분주해서 책을 집중해서 읽지 못했다. 새벽에 깨어 벽에 기대어 앉았다. 다리에 쿠션을 올리고 책을 펼쳤다. 책장을 넘길수록 마음이 책 속으로 기울어졌다. 온전히 책에 마음을 기대었다.

인생 습작

언니가 가방에서 꺼낸 스프링 공책에 눈길이 갔다. 궁금해서 펼쳐보니 내지는 줄이 없는 매끄러운 종이였다. 줄이 없어 필기할 때 불편하겠다고 하자 연습장이라는 대답이 돌아왔다. 연습을 이런 종이에 한다고? 굳이 외출복을 입고 청소하는 것 같았다.

내게 연습장은 학년이 올라가면 전년도에 썼던 공책의 나머지를 뜯어서 클립보드에 고정한 것이었다. 분명히 언니도 얼마 전까지 그랬는데 중학교에 들어가더니 달라졌다. 연습장은 낭비야, 라는 말을 속으로 삼켰다. 낭비라는 말에는 부러움이 섞여 있었다. 『이솝 우화』의 여우가 포도를 따려다 포기하면서 '신 포도'라고 위안을 삼듯.

사실 낭비라는 말로는 부러운 마음이 누그러지지 않았다. 여우는 그 자리를 뜨면 눈앞에 포도가 보이지 않지만, 연습장은 언니가 가방에서 꺼낼 때마다 보였다. 이전까지 불편하지 않고 절약한다는 뿌듯함이 있었는데 내 두툼한 연습장에 아쉬움과 초라함이 서렸다. 두툼한 연습장을 올해 안에 다 쓰는 것은 무리였고 그렇다고 선뜻 연습장을 살 마음은 없었다.

　연습장에 시선이 머문 이유는 깔끔한 모습 때문만은 아니었다. 투명 커버 뒤에 있는 표지가 마음을 사로잡았다. 예쁜 그림이 그려진 표지에는 윌리엄 워즈워스의 「하늘의 무지개를 볼 때마다」라는 시가 쓰여 있었다. '하늘의 무지개를 볼 때마다/ 내 가슴은 뛰노니, (…) 어린아이는 어른의 아버지 (…)' 처음 본 그 시는 아름다웠고 시인의 이름 또한 근사했다. 무지개를 볼 때마다 느끼는 설렘과 환희는 이 시를 접한 이후에 더 강해졌을지도 모른다. 연습장은 손에 넣을 수 없고 닿을 수 없는 무지개 같았다.

　소유할 수 있는 한 가지 방법은 그 시를 외우는 것이었다. 옮겨 적은 시를 틈틈이 외웠다. 한 구절 떠올리고 다음 구절 떠올리고. 처음에는 '어린이는 어른의 아버지'의 의미를 이해하기 어려웠다. 언뜻 보면 모순적이지만 무언가 그럴듯한 이 구절은 시간을 두고 천천히 소화해야 했다. 나이가 들어서도 동심을 잃지 말아야 한다고 이해한 후에야 하늘의 무지개를 온전히 소유하게 되었다.

　내가 고른 연습장의 표지에는 유럽의 성이 그려진 그림 아래, 푸시킨의 「삶이 그대를 속일지라도」가 적혀 있었다. 문구점의 여러 연습장 중에서 이것이 끌린 이유는 그림이 아니라 시 때문이었다. '삶이 그대를 속일지라도/ 슬퍼하거나 노하지 말라. (…) 모든 것 하염없이 사라지나/ 지나가 버린 것 그리움 되리니.' 첫 번째 연은 쉽게 이해했으나, 두 번째 연에서 '마음은 미래에 사는 것/ 현재는 한없이 우울한 것.'은 여러 번 읽어도 그 뜻을 헤아릴 수 없었다. 특히 '한없이'라는 단어를 받아들이기 어려웠다. 다만 현재가 우울하지 않아서 내가 공감할 수 없구나, 정도로 위안을 삼았다.

　이 구절을 이해하는 데 도움이 된 것은 '인생은 가까이서 보면 비극이지만, 멀리서 보면 희극이다.'라고 말한 찰리 채플린 덕분이었다. 어쨌든 그 연습장을 다 쓸 때까지 나는 매일 '삶이 그대를 속일지라도/ 슬퍼하거나 노하지 말라'를 되뇌었다. 그로 인해 나는 감정의 소용돌이에 덜 헤매거나 깊게 빠지지 않는 연습을 했다.

　또한, 로버트 프로스트의 「가지 않은 길」과 조병화의 「공존의 이유」는 연습장에서 만난 인생의 길라잡이였다. 연습장은 공부뿐만 아니라 삶을 연습하는 공간이었다. 이후에 연습장의 표지는 순정 만화 주인공, 수채화로 그려진 소녀, 다양한 꽃, 유행에 따라 내 기분에 따라 선택되었다. 요즘 세대들이 연예인의 사진을 갖고 싶어 앨범을 구매하듯, 나는 연습장을 다 쓰고 마지막에 표지를 뜯어낼 때의 기쁨을 느끼고자 열심히 썼다. 연습장의 표지 한 장 한 장에 나의 시간이 압축되어 갔다.

지금 내 연습장은 클립보드에 묶인 이면지이다. 눈앞에 아무리 좋은 연습장이 있어도 이제 욕심이 생기지 않는다. 다른 용도로 잘 쓰이다가 돌아온 이면지는 인생의 반환점을 돌고 있는 나와 비슷하다는 생각이 든다. 다만 차이가 있다면, 우리의 삶은 태어나면서부터 실전만 있다는 거다. 이면지는 첫 번째 삶을 마치고 파쇄되거나 두 번째 삶으로 누군가의 연습장이 된다.

하나의 역할을 끝내고 돌아온 이면지에 내 시간을 풀어낸다. 쓰기보다 쌓이는 이면지가 많아 허투루 쓸 때도 있지만, 두 번째 삶인 이면지에 작게나마 의미를 담는다.

봄날의 합창

중학교에 입학하고 처음 마주한 행사는 합창대회였다. 학년별로 우승이 정해지는 대회에 각 반은 최선을 다해 준비했다. 1반에서 3반까지는 남학생 반이었고, 4반부터 6반까지는 여학생 반이었다. 남학생들보다 여학생들이 합창대회에 열성적이었고, 우승은 거의 여학생반이 차지했다. 전해 내려오는 우승의 비결은 한복을 입고 참가하는 거였다. 한복을 입은 반이 우승을 놓친 적은 거의 없다고 했다.

  곡을 선정하는 학급 회의에서 아이들 대부분의 의견은 우승 곡이라고 익히 알려진 경상도 민요 〈울산 아가씨〉였다. 그러나 회의를 지켜보던 담임 선생님께서 〈도레미 송〉을 제안하셨다. 노래는 경쾌하지만, 중학생이 부르기에는 동요처럼 느껴져서 선뜻 내키지 않았다. 선생님께서는 밝고 신나는 노래로 대회에 참가해 보자고 하셨다. 회의가 끝난 후에 4반이 〈울산 아가씨〉를 선곡했다는 것을 알았다. 마음속으로 4반이 기본 점수를 받고 시작한다는 기분을 지울 수가 없었다.

대회 준비는 우리보다 선생님이 더욱더 적극적으로 하셨다. 선생님은 토요일 오전 수업이 끝나고 지도하는 것은 물론이고 일요일에도 나오셔서 노래와 안무를 바꾸고 다듬으셨다. 마치 영화 〈사운드 오브 뮤직 The Sound of Music〉의 견습 수녀 마리아가 폰 트랩가의 아이들에게 음 하나하나를 가르치듯이 선생님은 세세하게 조율하셨다.

우리들은 남자와 여자 역할로 나누었다. 남자 의상은 청바지에 흰 셔츠와 청조끼였고, 여자 의상은 청치마에 흰 블라우스였다. 남녀가 번갈아 가며 한 줄씩 총 여섯 줄로 서게 되었다. 지휘는 반장이 하고, 반주는 피아노를 잘 연주하는 아이가 맡았다.

대회 아침은 어느 때보다 날씨가 화창했다. 운동장으로 내려가는 야외 계단 중 하나가 무대였다. 피아노가 놓였고 앞줄에 선생님들이 앉아 심사하셨다. 학생들은 각자 자신의 의자를 들고 운동장에 나가 지정된 구역에 앉았다. 드디어 각 반의 의상을 볼 수 있었다. 역시 한복을 입은 반이 가장 화려하고 눈에 띄었다. 한복을 입은 4반 아이들은 공작이 꼬리를 활짝 편 것처럼 당당하고 우아했다. 우리 6반의 귀엽고 발랄한 노래와 안무가 심사위원의 마음을 사로잡을 수 있기를 바랄 뿐이었다.

대회가 시작되고 남학생들의 무대는 대동소이한 행동 때문에 뜻밖의 웃음을 자아냈다. 대부분 청바지에 티셔츠를 입고 무대에 올랐다. 학년 불문하고 합의한 것처럼 남학생들은 왼손을 허리에 대고 오른손을 주먹 쥐고 대각선으로 흔들었다. 어느 반은 〈조국찬가〉를 평범하게 부르다가 '태극기 휘날리며 벅차게 노래 불러'라는 가사가 나올 때 뒷주머니에서 태극기를 꺼내 흔들면서 노래를 마쳤다. 여학생에게 한복이 무기라면 남학생에게 태극기가 비기인 셈이었다. 그러나 남학생의 비기는 공공연한 여학생의 무기에 아무런 타격을 입히지 못했다.

한복을 입은 4반이 무대에 올랐다. 아이들은 노래하면서 양팔을 오른쪽 왼쪽으로 번갈아 가며 움직였고, 그때마다 한복 저고리의 고운 자태가 드러났다. 누구나 예상할 수 있는 평범한 몸짓이지만, 형형색색의 한복은 초록의 나무와 파란 하늘과 대비를 이루어 더욱 돋보였다.

드디어 우리 반 차례가 되었다. 번호 순서에 따라 나는 앞줄에 섰다. 담임 선생님을 비롯하여 교장 선생님과 교감 선생님, 모든 시선이 우리를 향했다. 반장과 눈빛을 교환하고 노래가 시작되었다. 노래가 시작되자마자 교장 선생님은 물론 모든 선생님의 얼굴에 웃음이 번졌다. 영화 〈사운드 오브 뮤직〉에서 파티를 더 즐기고 싶지만, 잠자리에 들어야 하는 트랩가의 아이들이 아쉬워하면서 손님들에게 계단에서 〈So Long, Farewell〉을 부르는 장면이 있다. 아이들은 아쉬워하지만, 손님들은 아이들의 공연이 귀여워서 웃음을 터트린다. 영화와 다른 점은 공연하는 우리도 감상하는 선생님과 다른 아이들도 신났다는 거였다.

선생님들의 표정에서 우승을 직감했지만, 민요와 한복의 조합으로 전통을 살린 4반을 이길 수 있을지 확신할 수 없었다. 과연 선생님들이 관례를 깨고 새로운 역사를 열까. 2학년의 우승은 〈울산 아가씨〉를 부른 반이었다. 우리 학년도 전통을 깰 수 없는 걸까. 1학년은 어느 반이 우승할지 점점 미궁 속이었다. 1학년 6반이 호명되는 순간 우리 반 아이들은 옆에 있는 친구와 포옹하고 환호했다. 4반 아이들에게는 미안했지만, 보이지 않는 벽을 뚫고 승리한 기쁨을 마음껏 즐겼다.

그 대회를 끝으로 더 이상 합창대회는 열리지 않았다. 연습 과정이 힘들었지만, 합창을 통해 다른 반과의 경쟁보다 우리 반 아이들과의 협동을 먼저 배웠다. 대회라는 특성상 우승에 대한 열의로 신경이 곤두서기도 했지만, 짧은 순간일 뿐이었다. 합창을 통해 우리의 목소리가 울림이 되고 우리의 몸짓이 떨림이 되도록 하였다. 그 순간을 영원한 봄날로 만들었다.

얼마 전 어린이날에 케이블 채널에서 영화 〈사운드 오브 뮤직〉을 방영했다. 영화는 폰 트랩가의 가정교사로 오게 된 견습 수녀 마리아가 폰 트랩 대령과 일곱 아이에게 노래를 매개로 가정의 소중함과 사랑을 깨닫게 하는 이야기이다.

마리아가 트랩가의 아이들에게 노래의 기초를 알려주기 위해 〈도레미 송〉을 가르치는 장면이 나왔다. 산꼭대기 푸른 언덕에서 시작한 노래는 장소를 바꿔가면서 잘츠부르크의 아름다운 풍경과 조화를 이루었다. 노래를 부르면서 자신감이 늘고 자유를 즐기는 등장인물들은 자연스럽게 그 날의 우리들과 중첩되었다.
거의 40년이 되어가는 합창대회가 눈앞에 펼쳐졌다. 스스로 컸다고 자부했지만, 우리는 알에서 갓 깨어난 병아리처럼 봄날의 햇살 아래서 하늘로 튀어 오르고 있었다. 그 눈부신 푸르름이 그리운 날이었다.

큰따옴표 " "

입김과 한숨 사이

말을 많이 하고 집에 돌아오는 날이면, 가슴은 공허하고 머리는 후회로 가득할 때가 있다. 중요한 말인 것 같아서 목소리 높여 강조했다. 뒤돌아보니 입술 사이로 새어 나간 한겨울 차가운 입김에 지나지 않았다.

때로는 꼭 하고 싶은데, 마음 깊이 감춰두고 꺼내지 못한 말이 있다. 그때 그 말을 했더라면 너에게 작은 힘이 되었을 텐데. 가슴 사이에 갇힌 말은 숨 쉴 때마다 한숨이 되어 흐른다.

어떤 말은 심중 깊은 골짜기에 넣어둬야 하고, 다른 말은 바람과 햇볕을 쏘여야 반짝인다.

#　아주 우연한 행복

웅덩이를 만나지 않는다면 좋은 일이다. 웅덩이를 발견하고 피할 수 있다면 행운이다. 미처 발견하지 못해 웅덩이에 빠질 뻔했다고 불운하지는 않다. 설령 웅덩이에 빠졌더라도 큰 충격 없이 빠져나온다면 다행이다. 점점 나이가 들수록 웅덩이에 빠졌지만, 무사하거나 크게 영향을 받지 않을 때 안도감이 늘어간다. 얼마 전에 어떤 경험을 통해서 행운과 감사의 의미를 다시 한번 알게 되었다. 행운과 감사는 통증과 함께 찾아왔다.

　　여기저기 온몸이 아프다. 다리는 무겁고 왼팔은 올릴 때마다 뻐근하고, 왼쪽 갈비뼈는 봄바람에 살랑이는 커튼처럼 지속적으로 미세하게 몸을 자극한다. 무엇보다 고개를 숙이고 들 때, 좌우로 움직일 때 목이 무척 고통스럽다. 이런 복합적인 통증을 느끼고 있음에도 마음에는 감사와 다행이라는 단어로 가득 차 있다.

만약 차가운 물에 빠져 흠뻑 젖었더라면?
그때 몸의 어딘가가 부러졌다면?
심하게 다쳐서 병원에 입원해야 했다면?

연말에 지인들과 뮤지컬 〈스윙 데이즈〉를 관람하고 청계천 빛 축제에 가기로 했다. KTX를 타느라 아침 일찍부터 분주했지만, 기분 좋은 피로감이라 그마저도 행복했다. 함께한 지인들과 점심을 먹으면서, 길을 걸으면서, 차를 마시면서, 틈틈이 나누는 대화가 만족스러웠다.

일제 강점기가 배경인 뮤지컬은 시대적 아픔과 갈등을 재즈와 댄스를 접목해서 감동과 재미를 선사했다. 배우들의 공연이 끝난 후에, 스크린에 미국 전략사무국^{OSS}에서 최정예 특수요원을 한국에 투입해서 일본에 대한 정보를 수집한 냅코 프로젝트$^{NAPKO\ Project}$에 관한 자막이 흘렀다. '선발 요원 총 19명. 이름 대신 암호명 A, B, C, D로 불린 이들은 모두 한국인이었다.' 뮤지컬은 내내 국가의 독립을 위해 애쓴 사람들이 냅코 프로젝트에 참가하면서 막을 내린다. 뮤지컬은 끝났지만, 실제 누군가의 고단함이 계속되었다는 사실에 마음이 무거웠다. 뮤지컬은 나름 해피엔딩이지만, 행복한 결말을 맞지 못한 냅코 프로젝트 요원들의 삶이 애달프게 다가왔다.

공연장 밖은 어스름 어둠이 내려앉기 시작했다. 몸을 스치는 쌀쌀한 바람이 감상에 젖어 있던 마음을 깨웠다. 부

지런히 청계천 빛 축제장으로 걸음을 옮겼다. 사람들로 붐벼야 할 거리는 추위에 움츠러들어 한산했고 정치적으로 어수선한 상황 때문에 적막감마저 감돌았다. 돌계단 몇 개를 내려가서 징검다리를 건너면 축제 장소로 이어지는 길이었다. 계단에서 얕은 물 위에 놓인 평평한 징검다리가 보였다. 이토록 예쁜 징검다리를 건널 수 있다니. 마음은 벌써 징검다리를 건너고 있었다. 지인 한 명이 먼저 돌계단을 내려갔고, 내가 내려갈 차례였다. "그래도 미끄럽지는 않네요."라는 말이 끝나자마자 계단에서 미끄러졌다. 분명 몇 개 안 되는 계단이었는데 끝없이 미끄러지는 것 같았다. 먼저 내려간 지인을 밀어서 물에 빠뜨리는 상황까지 몰릴까 봐 걱정하는 순간 몸이 멈추었다. 뒤에 있던 지인의 다급한 외침과 괜찮냐는 물음이 귀에 닿았다.

전혀 예상하지 못한 일이 찰나에 일어났다. 생각할 겨를도 없이 자리에서 즉시 일어났다. 통증은 있었지만, 뼈에 이상은 없는 듯했다. 두툼한 패딩을 입었고, 백팩을 메고 있어서 등과 허리에 심한 충격이 가해지지는 않은 것 같았다. 징검다리를 건너는 즐거움을 느끼지도 못한 채 어느새 건너편에 와 있었다. 축제장으로 걸어가는 순간순간에 미끄러지던 아찔함이 머리를 스쳤지만, 그때마다 운이 나빴다기보다 그만해서 다행이라는 생각이 저절로 들었다. 즐겁고 행복한 하루의 끝은 넘어지고 나서야 더없이 운이 좋은 날로 마무리되었다.

물질적 보상, 일의 성취, 작은 이득 중에서 하나를 고르다면, 어느 것을 선택할까? 선택한 것이 가장 매력적으로 보이지만, 설령 그것을 잃는다고 해도 앞으로 헤쳐 나갈 여력이 있음을 뜻하기도 한다. 내가 20대라면 물질적 보상을 선택할 것 같다. 물질이 주는 여유가 달콤하지만, 꼭 그것이 그 시기의 삶을 좌우하지는 않는다. 불편하지만, 물질적인 부족이 불행의 그림자를 드리우지 않는다. 물질적인 풍요는 젊음의 주메뉴가 아니라 보조 메뉴이기 때문이다. 30대라면 일의 성취를 택하고 싶다. 실패하더라도 감내할 힘이 있기 때문에, 한 번에 성과를 내지 못하더라도 다시 도전할 용기와 능력이 있다. 농축된 경험은 회복하고 노력하는 시간 동안 버팀목이 된다.

이득만큼의 손실을 전제로 한다면, 지금의 나는 작은 이득을 고르고 싶다. 어느 순간 얻는 것보다 손실의 만회가 어렵다는 것을 깨달았다. 얻을 때보다 최소한의 손실 앞에서 안도의 한숨이 쉬어질 때가 있다. 어쩌면 진취적이지 않고, 소극적으로 살아가는 모습처럼 보이기도 한다. 다른 말로 하면 선수로 될 자신이 없어서 자진해서 관람석의 관중으로 자리 잡는 것일 수도 있다. 승리의 영광과 패배의 고통을 감내하기보다 관람객이 되어 승패의 희비에서 조금 더 초연해지기로 마음먹는 것일지도 모른다. 다른 말로 표현하면 포기가 아니라 마음을 비우는 삶의 단계로 옮겨가는 과정일지도 모른다.

심는 시기가 있고 거두는 시기가 있다. 얻는 시기가 있고 쥔 것을 놓아야 할 시기가 있다. 때로는 손에 움켜쥘 것을 찾을 때보다 손에 쥔 것을 놓지 않아도 될 때, 또는 자발적으로 놓을 수 있을 때 비로소 보이는 행복이 있다. 그날 돌계단에서 미끄러지지 않았다면 더할 나위 없이 좋았을 거다. 그러나 미끄러지고 나서 발견한 아주 우연한 행복은 이해하지 못했을 거다.

사
랑
의
책 #

사랑한다는 말을 대신할 말을 찾지 못해 결국 사랑한다고 말할 수밖에 없다. 최근에 아름답다는 말도 대체 불가하다는 경험을 했다. 이전에도 노래나 목소리가 아름답다고 느낀 적이 있지만, 그 순간은 일반적으로 느끼는 아름다움과는 차원이 달랐다. 기쁨과 평온, 안식 같은 가슴속에 차오르는 감정을 담아내는 더 적합한 형용사를 찾으려고 했지만, '아름답다'란 한마디뿐이었다. 그 뒤로도 그 감정을 표현할 다른 단어를 생각하려 했지만, 여전히 '아름답다'외에는 없다.

  그날도 평소처럼 운전하다가 라디오를 켰다. 노래 한 곡이 끝나고, 다음 곡이 나오자마자 순간 마음이 몽실몽실해졌다. 점점 하늘 높이 오르는 열기구처럼 마음 가득 차오른 감정이 무엇인지 정의하고 싶었다. 아름답다. 아름답다는 말을 수없이 써 왔지만, 대부분 사람이나, 영상, 풍경 같은 시각적으로 들어오는 실체에 대한 찬미였다. 때로는 냄새로 음식에 대한 기대치가 올라가고, 향기로 꽃이나 물건의 가치가 달리 보이기도 한다. 빗방울 소리, 숲속의 바람 소리, 노랫소리 등을 들을 때, 편안하고 평온해진다. 그러나 그때 그 순간의 노래는 평소와 다른 밀도와 농도, 채도를 지닌 아름다움이었다.

차는 아파트 주차장에 이미 도착해 있었다. 시동을 껐지만, 라디오 전원을 끄지 못하고 흐르는 노래를 들었다. 이 노래를 끝까지 듣지 않고 차에서 내린다면, 한동안 미완성된 일처럼 계속해서 머릿속으로 되풀이할 것만 같았다. 그저 숨죽인 채, 구름 사이를 떠다니는 마음이 지상으로 내려오기만을 기다리며 노래에 귀를 기울였다.

"지금 들으신 곡은 요나스 카우프만Jonas Kaufmann의 〈Il Libro Dell Amore〉였습니다."

진행자의 멘트가 나오고 다음 노래가 소개되고 있음에도 여전히 노래의 여운에서 빠져나오지 못했다. '사랑의 책'이란 뜻인 〈Il Libro Dell Amore〉는 여러 크로스오버 가수가 커버했던 곡이라 익숙했지만, 그때 그 순간에 완전히 새롭고 특별하게 다가왔다. 테너 카우프만의 발성이 유난히 다정하고 편안하게 들렸다. 집에 와서 Peter Gabriel이 부른 영어 버전 〈The Book of Love〉를 오랜만에 들었다. 읊조리듯 부르는 허스키한 가브리엘의 목소리는 애틋함과 간절함을 더 많이 드러냈다. 틈만 나면 머리 사이로 음이 흘러

들어와 입안에서 맴돌았다.

    음악에 관한 관심의 시작은 남동생 덕분이었다. 동생이 고등학교에 들어가면서 음악에 심취했다. 특이 팝을 좋아해서 빌보드 순위를 꿰는 것은 기본이었다. 그 당시에는 음악사가 몇 군데 있어서 빌보드 소식이 담긴 팸플릿과 악보를 쉽게 구할 수 있었다. 동생이 소개하는 노래를 들으며 당시 최신 팝은 물론 올드팝까지 두루두루 알게 되었다.
    라디오 진행자들은 청취자들이 녹음할 수 있도록 노래 앞뒤로 잡음을 내지 않기 위해 노력했다. 나도 여러 번 라디오를 듣다가 녹음했지만, 동생을 따라갈 수는 없었다. 동생은 자연스러운 페이드인·아웃을 위해 테이프의 처음과 끝을 자석으로 살짝 문지르기도 했는데 섬세함이 남달랐다.
    직장인이 된 후에 동생은 스피커가 좋은 오디오를 샀다. 얼마 지나지 않아 LP 턴테이블을 구매해서 LP판으로 노래를 듣기도 했다. 좋아하는 가수의 앨범은 CD는 물론 LP판으로 구매해서 둘의 느낌이 얼마나 다른지 들려주기도 했다. 가끔 음이 톡톡 튀는 LP는 노래의 분위기를 흐뜨리는 것이 아니라 풀잎에 내려앉은 이슬처럼 노래의 운치를 더해 주었다. 플래터에 LP를 올리고 톤암^{tonearm}을 판에 살짝 올리면 빙글빙글 돌며 소리를 낼 때, 세상에서 가장 아름다운 오르골을 눈앞에서 보는 듯했다. LP판을 바꾸려고 톤암을 들어 올릴 때, 서서히 줄어드는 회전 속도에 맞춰 흩어졌던 노랫소리가 다시 하나로 모여드는 것 같았다.

음악이 가장 절실히 필요했던 시간은 대학 시절이었다. 어둑해질 즈음이면 대학교 캠퍼스 곳곳의 스피커를 통해 노래가 흘렀다. 도서관에 앉아 있다가 동생이 녹음해 준 테이프에서 들었던 노래가 들리면 주위가 친밀하게 다가왔다. 펜을 손에서 내려놓고, 시선을 창밖에 두었다. 어둑어둑해지는 밖의 풍경이 점차 도서관의 밝은 조명으로 보이지 않았다. 마음은 자연스럽게 테이프에서 듣던 다음 노래를 기대하지만, 귀에 다른 노래가 들리고서야 시선을 제자리에 두었다.

음악의 가장 큰 쓸모는 수면의 확인이었다. 불면증일 정도로 잠을 이루지 못했다. 기상 알람에 일어나지만, 머리가 무거웠다. 잠을 잔 건지 꿈을 꾼 건지 아니면 눈만 감고 있던 건지 구분할 수 없었다. 몇 시간이라도 몇 분만이라도 잤다는 것을 알아야 안심이 되었다. 자리에 눕기 전에 알람을 맞추고 오토리버스 카세트 플레이어에 카세트테이프를 넣었다. 운이 좋은 날은 테이프의 뒷면이 넘어가는 소리를 듣지 못했다. 어느 날은 뒷면의 노래가 끝나 작동이 멈췄음에도 잠이 들지 않았다. 대부분은 뒷면으로 넘어가 몇 번째까지 듣다가 잠이 들곤 했다. 아침에 눈을 뜨면 마지막에 들었던 노래가 무엇이었는지 확인하고는 잠을 잤다는 사실에 위안을 받기도 했다.

최근 들어 음악을 듣는 시간이 부쩍 늘었다. 예전에는 기다릴 때를 대비하여 반드시 책을 준비했다. 만약 기다리는 시간에 책과 음악 중에서 선택하라면 무조건 책이었다. 지금은 음악을 선택할 확률이 높아졌다. 우선 음악을 들으면 머리 주위를 감싸고 있는 이명이 들리지 않는다. 책을 읽으려고 고개를 숙일 때 현기증이 심해지기도 하지만, 음악이, 음악만이 주는 매력을 느꼈기 때문이다.

오랫동안 음악은 대부분 배경으로 자리했고, 온전하게 마음을 채우는 것은 책이었다. 촛불 한 자루로 방을 환하게 밝히듯이 이제는 음악 한 곡이 마음을 환히 비추게 되었다.

가 있는 자유

우리가 사용하는 언어를 들여다보면 스스로 가치를 포기한 것처럼 보인다. 긍정적이든 부정적이든 농축된 한 단어(핵분노, 개실망, 된장녀, ○○충蟲, ○수저, 킹받다 등)로 표현한다. 실용적이기보다는 여유와 품위가 느껴지지 않는다. 이런 말을 들으면 파블로프의 개처럼 마음은 흥분과 분노로 출렁인다. 물론 이렇게 극단적인 단어가 만들어지고 널리 사용되는 것은 사회 곳곳에 문제가 있음을 나타내는 방증이다. 그러나 너도나도 부화뇌동하면 시원해지기보다는 점점 감정에 취해 사건의 본질에 대한 해결보다 패배 의식이 팽배해지고 피해의식에 매몰된다.

언어는 생각의 가장 근원적인 뿌리이다. 생각이 마음을 변화시키고 마음은 행동을 변하게 하고 결국 그 사람의 인생이 바뀐다는 말은 익히 알고 있다. 이것이 사색과 성찰을 통해서 얻어낸 자연스러운 성장과 발전의 과정이다. 요즘 우리에게 성찰과 사색이 어느 때보다 필요하지만 필수적인 시대가 아닌 듯하다. 필요한 물건을 즉시 구매하고 빠르게 배송받듯이 자신의 감정을 표현하기 위해서 유행가 가사를 흥얼거리듯 회자하는 단어를 사용한다. 방송이나 매체에서 유명인이 사용하면 아무런 여과 장치 없이 맹목적으로 따라 한다. 몇몇 사람이 쓰는 말은 어느새 인터넷이나 SNS를 통해서 다수의 공용어가 된다. 긍정적인 변화는 당연히 환영이다. 그러나 염려되는 것은 거칠어지는 말이 우리의 감정과 행동에 미치는 역기능이다.

분노하는 개인이 늘어나면서 분노하는 사회가 되어가고 있다. 분노가 무조건으로 부정적인 것은 아니다. 부당하고 부조리한 일에는 자타를 불문하고 분노하는 것은 당연하다. 합리적이고 타당한 분노는 건전한 사회를 이끈다. 그러나 우리는 작은 일에, 점점 작은 일에 분개한다. 사소한 일에 지나치게 비난의 강도가 세지고 있다. 흘겨본다고 차에서 내려 행인을 구타하고, 걷다가 어깨를 부딪쳤다고 사람을 해치고, 층간 소음으로 살해하고, 심지어 형제끼리 또는 부모와 자식 간에 끔찍한 일이 벌어진다. 이런 사건 대부분은 평소에 생각을 담아내는 언어 습관이 첫 번째 원인일 것이다. 반드시는 아니더라도 거친 말을 쉽게 뱉을 수 있는 사람은 마음이 쉽게 사나워질 수 있다. 반대로 과격한 마음이 과격한 언어로 표출될 수도 있다. 그래서 사소한 일이 폭언으로 이어지고, 심하면 폭행이 일어나고, 최악은 목숨을 빼앗는 상황으로 마무리된다.

순간적으로 욱하거나 고압적인 행동이 쉽게 발동하는 이유는 크게 두 가지이다. 전자는 자존감이 낮아서이고 후자는 자만심이 지나치게 강해서다. 자존감이 낮은 사람은 불편하고 불만스러운 상황을 마주하면 무시당한다고 생각한다. 반면에 자만심이 강한 사람들은 상식적인 예의가 그들을 홀대한다고 여긴다. 소위 갑질이라는 사건을 들여다보면 부당한 처사에 대한 정당한 주장이 아니라 자신들이 남들과 동일한 대우를 받았다는 것이 연유이다. 우리는 심장에 왜 시한폭탄 같은 위험한 물체를 장착하게 되었을까? 상대방이 주는 약간의 자극만으로도 이토록 빠르고 강하게 폭발하는 이유는 무엇인가?

상황은 부정적인데 긍정적인 말만을 쓰는 것도 언어도단이다. 그러나 현재 우리의 언어에 대해서 생각해 볼 시점이다. 이념 간의 대립을 조장하고 계급과 차별을 부추기는 말들, 지나친 축약어, 남용되는 외국어 등이 우리의 생각을 단순하게 한다. 복잡한 감정을 한마디로 응축해서 표현하면 생각의 깊이와 너비가 축소되어 그 이상의 것은 보기 어렵다.

제임스 G. 터버의 『O 빠진 영어』에서 해적 리틀잭과 블랙이 우루^{Ooroo}섬 주민들에게 영문자 'O'가 들어간 단어를 쓰지 못하게 한다. O가 단어에서 빠지면서 hello→hell, coat→cat, poet→pet 등 의미도 바뀌고 행동에도 제약을 받는다. 결국 희망^{hope}, 사랑^{love}, 용기^{valor}도 잃게 된다. 횡포를 견딜 수 없어 가장 강력한 단어인 자유^{freedom}를 찾아내서 마침내 해적을 물리치고 평화를 되찾는다.

해적 리틀잭과 블랙이 강제로 빼앗은 O를 찾기 위해 우루섬 주민들은 저항하고 투쟁한다. 그러나 요즘 우리는 빼앗기기 전에 먼저 받아들이기 때문에 반감과 저항감이 들지 않는다. 다른 사람들의 말을 그대로 갖다 쓰면 생각도 행동도 비슷해진다. 결국 누군가가 조종하는 마리오네트로 살게 된다. 조종자가 바뀔 때마다 끊임없이 이리저리 흔들린다. 그러나 우리는 그 흔들림을 자신의 의지에 따라 움직이고 있다고 착각한다. 표면상 스스로 선택한 것이지만, 정작 타인의 의도와 선택에 동조한 것이다. 자유롭게 한 행동이지만, 타율을 따르느라 자율을 잊은 셈이다. 우리 곁에는 화려하게 포장된 자유^{freedom}가 있지만, 그 포장지 안에 정말 'O'가 있는지 생각해 보게 된다.

비트겐슈타인은 "내 언어의 한계는 곧 내 세계가 지닌 한계다."라고 말했다. 언어는 사람의 정신세계를 이루는 생각을 키우는 자양분이다. 언어와 생각의 상호작용으로 행동이란 열매를 맺는다. 오늘 사용한 말이 내 생각의 지평을 넓히는지 좁히는지 곰곰이 생각해 본다.

작은따옴표 ' '

마음의 상자를 고요히 들여다보기

빠르게 지나가는 일상에서 내가 어디로 가고 있는지 모를 때가 있다. 오늘은 내면의 목소리에 귀를 기울여 마음속으로 그 소리를 되뇌었다.
'어떤 말도 어떤 결정도 어떤 행동도 느리게, 빠르게, 그러나 지나치지 않게.'

삶
의
이 #
정
표

삶은 속도가 아니라 방향이 중요하다.
하루, 일주일 한 달을 정신없이 지내다가 차가운 바람이 부는 계절이 오면 속도가 아니라 방향을 떠올린다. 내가 가고 있는 방향이 어디인지 생각한다.

성적을 우선하던 학창 시절은 속도와 방향이 분명했다. 그러나 그 선명한 확신에 회색 그림자가 드리워졌다. 중학교 때, 담임 선생님께서 일 년이 아니라 십 년 단위의 미래를 계획해 보라고 하셨다. 10년, 20년, 30년 후의 나를 그리는 것은, 두지 않은 바둑판을 복기하라는 일처럼 난감했다. 어쩔 수 없이 사회 통념상 진행되는 보통 사람의 생애를 그릴 수밖에 없었다. 직장에 다니겠지, 가정을 꾸리겠지, 원하던 집에서 살겠지. 일 년의 계획이 숨 가쁘고 힘들다면, 10년 단위 계획은 숨을 조여 오는 보이지 않는 정체를 맞닥뜨리는 기분이었다. 나만의 길을 찾는 것은 차치하더라도 이미 잘 닦인 길을 따라가는 것도 어렵지 않을까, 각 10년 사이의 시간을 어떻게 이을까를 고민하자 미래가 두려워졌다.

　삶의 방향을 안내할 첫 번째 지침을 만났다. 고등학교 3학년 시절에 기억에 남는 문화적인 이슈 중 하나가 영화〈죽은 시인의 사회〉였다. 영화를 본 사람이라면, 아니 영화를 보지 않은 사람이라도 'Carpe diem'을 한 번쯤은 들어 봤을 거다. 미국의 한 사립고등학교에 부임한 키팅 선생님은 성공을 위해 공부에 매몰되어 있는 학생들에게 시를 통해서 자유와 열정, 꿈의 진정한 의미를 가르친다. '카르페 디엠. 지금 살고 있는 현재 이 순간에 충실해라.'라고 말하는 키팅 선생님의 외침은 영화 속 학생들뿐만 아니라 내게도 강한 영향을 미쳤다. 내일로 행복을 유예하며 오늘을 견디는 내게 오늘을 잡으라는 말이었다. 설령 매 순간을 현재에 살지는 않더라도 카르페 디엠을 떠올리면 현재를 바라보게 되었다. 설령 이런 사실을 잊더라도 카르페 디엠은 현재의 나를 지켜주는 부적이었다.

　대학에 입학하고 첫 여름 방학 때 큰언니가 일하는 틈틈이 조카를 돌봐 달라는 형부의 부탁을 받았다. 그해 여름은 쉽지 않았다. 낮에 조카와 함께 있는 힘듦보다 20대 초반에 결혼과 육아, 일로 버거운 언니를 봐야 하는 애달픔에 속이 쓰렸다. 그때 책장에 꽂혀 있는 여러 책을 읽었다. 샤를 보들레르의 『악의 꽃』과 이외수의 『풀꽃 술잔 나비』를 읽는데 어렵고 마음이 불편했다. 이외수 작가에게 느꼈던 불편한 감정이 잦아든 것은 한참이 지나서 그의 산문집을 읽고 나서였다. 이전의 책들에 크게 공감을 못 해 실망스러웠지만, 또 한 권의 책이 눈에 들어왔다. 레오 버스카글리아의 『살며 사랑하며 배우며』란 책은 제목부터 인상적이었다. 책을 읽고 나서 버스카글리아 교수처럼 자유롭고 당당한 영혼으로 새롭게 태어나지는 못했다. 다만, 자신을 구속하고 억압하는 것을 풀어주는 작은 숨구멍 하나를 더하게 되었다. 'Living, Loving, and Learning, 3L'이 인생의 두 번째 지침이 되었다.

  과외를 시작하면서 외부 활동을 거의 하지 않았다. 자연스럽게 교류하는 사람은 가족과 오랜 친구, 함께 공부하는 학생들로 한정되었다. 2015년에 독서 동아리에 나가기 전까지 10년 넘게 여가 시간을 채운 것은 음악과 책이었다. 혼자서 책을 읽기는 쉬우면서도 어려웠다. 마음이 이끄는 책을 읽다가 작가, 주제, 장르 등의 주간을 두어 혼자 읽는 단조로움을 줄였다.

  2008년은 동양 고전을 목표로 삼았다. 몇 년 전에 사놓고 보지 않은 『논어』와 『맹자』, 『도덕경』 등을 읽기로 마음먹었다. 먼저 천자문, 소학, 격몽요결, 효경 등으로 준비 운동을 했다. 『논어』「위령공」편에서 '己所不欲勿施於人^{기소불욕물시어인}, 내가 하고 싶지 않은 일이라면 남에게도 시키지 말라.'는 문장을 만났다. 이 문장은 혼자서 일하는 것을 편안하게 여기는 습관을 더 강화한 계기가 되었다. 습성이 되어버린 탓에 사람들과 다시 교류를 시작할 때 친해지는 데 더 오래 걸렸다. 아주 사소하거나 가벼운 일을 부탁하는 것이 친해졌다는 긍정의 신호일 수도 있는데, 나는 그것조차 꺼렸다. 그런 나의 태도가 거리를 둔다고 오해받기도 했지만, 쉽게 고쳐지지 않았다. 예전보다는 유연해졌지만, 친근함이라는 이름으로 누군가에게 부담을 주기보다 덜 가까운 사이로 남는 일은 여전히 고쳐지지는 않는다. 다만, 사람을 쉽게 대하지 않으려는 하나의 지침으로 남아 있다.

이후에 두 개의 문장이 더해졌다. 17세기 유럽에서 바니타스$^{\text{vanitas. 공허, 헛됨. 가치 없음}}$ 정물화가 유행했다. 바니타스 정물화는 향신료와 동방 도자기, 금은보석과 귀한 식자재, 그리고 여기에 죽음을 암시하는 해골, 촛대, 시계 등을 배치한다. 해골이 있는 정물화를 봤을 때, 액면 그대로 전해지는 느낌 때문에 오래 보고 싶지 않았다. 그러나 이 그림의 의미를 알고 난 후에 새롭게 보게 되었다. 해골은 '메멘토 모리$^{\text{Memento mori}}$, 죽음을 기억하라.'는 의미로 '겸손하라.'는 뜻을 담고 있다. 이와 더불어 '아모르 파티$^{\text{Amor fati}}$, 운명을 사랑하라.'는 말이 마음에 닿았다. '숙명을 받아들여라.'가 아니라 '자신의 삶을 사랑하고 노력하라.'는 말이다. 대중가요 〈아모르 파티〉로 인해 가볍게 느껴질 수 있지만, 그 말이 지닌 진의는 전혀 가볍지 않다.

'당신은 누구인가?'라는 질문에 다양한 분야의 사람들이 각자의 분야에 맞게 대답했다. '가장 많은 돈을 쓰고 있는 것이, 가장 많은 시간을 보내고 있는 것이, 먹고 있는 것이, 읽고 있는 것이 당신이다.' '나는 누구인가?'라고 자문하면 마음에 품고 있는 다섯 개의 문장이라고 답할 수 있다. 삶의 어느 순간에 각 문장이 나를 찾아온 것이 아니라 내가 필요해서 그 문장을 마음에 담았을지도 모른다. '카르페 디엠, 살며 사랑하며 배우며, 己所不欲勿施於人, 메멘토 모리, 아모르 파티'를 늘, 반드시 행하는 것은 아니지만, 그렇게 살려고 노력하고 그렇게 살고 싶다.

# 마지막 선물

 미세먼지와 구름 한 점 없는 파란 하늘을 배경으로 흰 매화꽃이 수를 놓았다. 봄의 입김에 아직 깨어나지 않은 대추나무는 언제든 싹을 틔울 채비를 마친 듯했다. 여기저기에 하얀 냉이꽃과 노란 민들레, 파란 봄까치꽃 등이 피어 봄날의 분위기를 고조시켰다.

 한 회원의 초대로 독서회 회원들과 함께하는 봄나들이였다. 매화나무 사이를 거닐며 꽃을 즐기고 사진도 찍었다. 초대한 회원이 쑥국이나 민들레김치를 담그면 맛있다며 여린 쑥과 민들레를 뜯어 가라고 했다. 초등학교 때 친구 따라 쑥과 냉이를 캐러 간 적이 있다. 그 당시에는 쑥국과 냉잇국은 향이 강해서 먹지는 않았지만, 나물을 캐는 재미는 있었다. 오랜만에 쪼그리고 앉아 나물을 캐지만, 힘들기보다 어린 시절로 돌아간 기분이 들어 흥겨웠다.

거의 40년이 된 독서 모임에 합류하게 된 것은 10년 전쯤이다. 이렇게 다정한 인연은 순전히 우연과 착각에서 시작되었다. 지역 평생학습관의 로비에서 '꽃 피는 봄, 시를 노래하다'란 문구가 쓰인 배너가 눈에 들어왔다. 학습관 사서는 나태주 시인이 진행하는 거라면서 참여를 독려했다. 그때까지 학습관은 책을 대출하고 반납하는 도서관의 기능뿐이었다. 사람과 책을 연결하던 곳에서 사람과 사람을 이어주는 소통의 공간이 될 거라고는 그때는 미처 몰랐다.

강의실에 들어섰을 때, 처음에는 장소를 잘못 찾은 줄 알았다. 사람들은 저마다 반갑게 인사를 나누고 있었다. 여기저기서 '○○ 형님'이라는 호칭과 웃음이 만발했다. 나는 친밀한 분위기에 섞이지 못한 완벽한 이방인이었다. 잠시 후에 나를 더 당황하게 한 것은 일회성의 강연이 아니라 5회차로 진행되는 수업이라는 거였다. 그제야 '두근두근 시 쓰기 교실'이라는 문구가 눈에 들어왔다.

강의는 옥천 정지용 생가와 육영수 여사 생가의 문학기행이 포함되어 있었다. 정지용 생가에서 어떤 분이 다가오더니 자신을 평생학습관 소속 독서회 회원이라고 소개했다. 그분은 내게 '시 쓰기 교실'에서 보니 열심히 하는 것 같다며 다음 5월 모임에 나오라는 거였다. 모임이라는 단어 자체가 오랜만이라 어색했지만, 독서라는 말에 호기심이 들었다. 그럼에도 낯을 가리는 나로서는 무턱대고 타인 속으로 들어가기는 쉽지 않았다. 엉겁결에 전화번호를 교환했지만, 그날

이후 독서 모임은 머릿속에서 흐릿해졌다. 모임 일주일 전에 그분은 다음 주 화요일이 모임이라며 나오라고 당부했다. 흐려졌던 동아리에 관한 관심이 되살아났지만, 여전히 나갈지는 미지수였다. 그분은 모임 하루 전날에 다시 전화했다. 호의와 낯섦 사이의 팽팽한 싸움은 호의 쪽으로 기울었다. 아마 전날 그분의 전화가 없었더라면, 어느 날 엄마에게서 받은 질문이 생각나지 않았다면, 그날 아침 집을 나서는 일은 없었을지도 모른다.

"용신아, 친구 안 만나니? 주말에 누굴 만난다고 나가는 걸 본 적이 없네."라며 엄마가 조용히 물어 오셨다. 너무 뜻밖에 받은 질문이라 순간 정의되지 않는 감정이 밀려왔다. 무엇보다 엄마가 이런 질문을 쉽게 하지 않을 거라는 것을 알고 있기에, 대답보다 멋쩍은 미소가 지어졌다. 그 당시 일에 지친 나는 휴일에 집 밖에 나가지 않는 것으로 에너지를 채웠다. 모두가 바쁘게 지내던 시기라 일 년에 한두 번 친구를 만나도 만족스러웠다. 그 만남은 전화로 문자로 이어지다 차츰 마음속으로 이뤄지는 일이 다반사였다. 일로 바쁜 딸이 적막하게 살고 있지는 않은지 걱정하고 계셨던 것 같다. 휴일에 집에 있어도 부모님을 걱정 끼치고 있다는 생각에 마음이 편하지는 않았다.

엄마의 허를 찌르는 질문을 받고도 몇 년 동안 나는 아무 일이 없던 것처럼 보냈다. 엄마의 병세가 악화하여 요양원에 들어가신 후, 엄마와 잦은 교류는 어려웠다. 그러나 내가 아는 곳에 계신다는 인식은 안정감을 주었다. 가족과 책의 교감만으로도 충분히 잘살고 있다고 자신했다.

　엄마가 돌아가신 후에 공허하고 허무한 마음으로 허덕이고 있었다. 착각으로 듣게 된 학습관의 시 쓰기 수업을 통해 독서회 회원들을 만났다. 통화 때마다 끼니를 걱정해 주는 회원이 있다. 밭에서 나는 농작물을 갖다주기도 하고, 김장철이면 김치를, 만날 때 피클을 건네기도 한다. 감사한 마음으로 책 한 권이라도 드리면 돈 쓰지 말라며, 당신이 주는 것은 다 잉여 농산물이라며 선을 긋는다. 당신에게 나와 나이가 같은 자녀가 있으니, 딸이나 다름없다고 말씀하실 때면, 엄마 생각에 가슴이 뭉클해진다. 또한, 사회에서 만난 사람 중에서 내가 유일하게 언니라고 부르는 사람, 나를 언니라고 불러 주는 사람을 만났다.
　독서회에 참여하게 된 것은 나비의 날갯짓이었다. 그러나 그 파동의 결과는 일상을 달라지게 했고 삶을 다채롭게 바꾸었다. 책을 대출하기만 했던 학습관은 무언가를 듣고 배우는 장소로 확대되었다. 배움을 통해서 새로운 사람을 알게 되었고, 책을 읽는 것에서 그치지 않고 글을 쓰게 되었다.

　책을 매개로 40여 년을 함께하고 있는 회원들을 보면 대단하다는 생각이 든다. 그 속에서 나는 10년째 함께하고 있다. 10년 전 그날 아침 학습관으로 가지 않기로 마음먹었다면, 지금의 나는 어떤 모습일까? 여전히 사람을 대하는 일이 버거워 예전의 나로 돌아가 혼자 있고 싶을 때가 있다. 그럴 때마다 두 사람이 머릿속에 떠오른다. 한 사람은 나를 독서회로 이끈 회원이다. 더 이상 모임에 나오시지 않지만, 나를 문밖으로 나오게 한 사람이다. 다른 한 사람은 엄마이다. 책만으로는 마음을 채울 수 없다는 것을 깨닫게 한 장본인이다. 텅 빈 마음을 달래려고 우연히 들었던 수업을 통해서 많은 따뜻한 사람을 만났다. 이 수많은 인연은 엄마가 내게 준 마지막 선물이다.

말없음표 ……

숨은 마음 읽기

네가 말할 때 나는 너의 눈빛과 몸짓을 읽었다. 네가 하지 못한 말을 내가 제대로 이해한 걸까?
내가 끝내지 못한 문장을 네가 정확히 알아챘을까? 종이 위에 쓰인 한 글자 한 글자, 한 문장 한 문장 사이에 차마 말하지 못한 마음이 보였기를…….

플레이리스트

Ich liebe dich so wie du mich am Abend und am Morgen 나는 너를 사랑해, 아침저녁으로 네가 나를 사랑하듯이

바리톤의 낮고 굵은 목소리로 베토벤의 가곡 〈Ich Liebe dich〉가 몇 소절 흐른다. 그 뒤로 높고 맑은 목소리가 이어진다. 가수 신승훈의 2집 앨범 타이틀곡 〈보이지 않는 사랑〉은 처음 듣는 순간부터 마음 깊숙이 자리했다. 이루지 못한 사랑의 아픔을 담은 가사에 간절하고 애처로운 목소리가 더해져 듣는 사람의 마음을 빠져들게 했다. 한 친구는 헤어진 남자친구가 떠오른다며 노래를 들을 때마다 가슴 아파했다. 그럼에도 노래를 들으면 들을수록 마음에 위로가 된다고 했다. 이 노래는 애이불비哀而不悲, 슬프지만 비참하지 않은 정서를 내포하고 있어 앞으로 나갈 수 있는 위안과 힘을 주었다.

신승훈은 가수로서만이 아니라 작사와 작곡의 실력을 갖춘 음악가로 재능을 인정받았다. 게다가 재치 있는 입담과

모창으로 토크쇼에서도 자신만의 매력을 발산했다. 일 년 전에 얼굴 없는 가수로 대중에게 노래가 먼저 알려진 신승훈은 나의 관심 밖이었다. 1년 만에 그의 노래와 앨범에 대한 기대와 태도는 정반대가 되었다.

　　1년 전 가을에서 겨울로 접어드는 시점에 시야에 들어오는 대부분의 색이 어두웠다. 낙엽을 떨군 나무는 앙상하고, 바닥을 뒹구는 낙엽이 바스락거리며 소리를 냈다. 계절상으로 기온은 점점 낮아지고 있었다. 겉으로는 평온했지만, 마음 온도는 체감 온도보다 훨씬 낮았다. 사실 계절이 주는 메마름 탓이라기보다 마음에 여유가 부쩍 줄었기 때문이었다. 그 즈음 노래 한 곡이 곳곳에서 흘러나왔다. 얼굴을 공개하지는 않았지만, 그 가수의 목소리는 많은 사람의 관심을 끌고 호기심을 일으켰다.

　　"신승훈의 〈미소 속에 비친 그대〉 들어봤어?"
　　"들어는 봤는데, 난 별 관심이 없어."
　　대입학력고사를 20여 일 남겨둔 내게 아무리 좋은 소리라도 제대로 들리지 않았다. 사람이 말을 함부로 하면 안 된다는 것을 늘 명심해야 했다. '관심 없어'라는 그 말은 몇 개월 뒤에 몇 배로 큰 부메랑으로 돌아왔다. 돌아올 때, '없어'라는 꼬리가 사라지고 '관심'만이 가슴에 박혔다.
　　그 뒤로 그가 앨범을 발매할 때마다 차곡차곡 모았다. 초기에 카세트테이프로 구매한 앨범을 동생이 CD로 다시 선물해 주었다. 어느 날 동생은 〈보이지 않는 사랑〉의 LP를 사왔다. 아날로그 느낌의 LP는 언제라도 먹을 수 있지만, 설날에 먹을 때 더 의미 있는 떡국처럼 특별함이 있었다.

　새 앨범이 나올 때까지 오랜 시간이 걸리기도 했지만, 그런 갈증이 나쁘지 않았다. 기대를 바탕으로 하는 기다림은 사람을 소진하는 목마름이 아니었다. 그의 노래는 슬프든 행복하든 사랑을 기저에 두기 때문에 다음에는 어떤 색깔의 사랑을 노래로 표현할지 궁금했다. IMF 시기에 발매한 앨범 중에서 〈고개 숙인 너에게〉는 가수의 진면목을 드러냈다. 이 노래에는 지치고 힘겨운 사람을 응원하는 음악가의 고뇌와 고심이 담겨 있었다. 사회적 상황으로 좌절하는 사람이 많은데, 분홍빛 사랑만을 외치지 않은 점이 오히려 인간적으로 보였다.

　마디마디에 삶을 돌아볼 때, 인생의 목적이 무엇인지 고민하는 시기가 있다. 삶의 근원적인 물음을 누군가와 나눈다고 해결되는 것은 아니고, 책에서 답을 찾는 것은 더디고, 고비마다 흔들린다. 초조할수록 사안마다 근시안적이고 미시적으로 들여다본다. 그때 함께한 신승훈의 〈Dream Of My Life〉는 시선을 멀리 두고, 시야를 넓히게 하는 조언자였다. 노래 한 곡이 모든 것을 결론짓고 해결한 것은 아니다. 그 노래는 보도블록 틈 사이로 싹을 틔우고 꽃을 피운 한 송이 민들레조차 지나치지 않는 벌과 나비 같은 존재였다. 당신의 삶은 가치 있고 당신을 응원하고 있다. 당신 또한 누군가의 삶을 응원할 힘이 있다. 인생의 꿈은 나뿐만 아니라 누군가의 꿈을 믿어주는 일이다. 성공이 아니라 꿈, 꿈이라는 단어는 삶의 희망이었다.

2015년에 발매한 곡인 〈Hello, Hello, Hello〉는 한동안 내 휴대전화 벨소리였다. '그냥 안녕한가요?' '아픈 데는 없는 거죠?'라는 평범한 가사에 따스함이 듬뿍 묻어났다. 이 가수는 오래된 가수가 아니라 숙성되어 가는 사람이구나. 언젠가 한 방송에 나와서 자신의 꿈은 서서히 내려오는 것이라고 말한 적이 있다. 이미 정점을 찍었다는 자부심과 자긍심을 내포한 말이지만, 삶을 관조할 여유가 있는 사람이라고 느꼈다. 이 사람은 물가에 내려앉든, 나뭇가지에 내려앉든 아니면 땅 위에 내려앉더라도 다른 날개를 달고 날아올라 유유자적 비행하다가 다시 유유히 내려오겠다는 생각이 들었다. 이제는 '날 수도 있지만, 땅을 디디며 살아가고 있구나' 하는 마음이 들었다. 사실은 그렇게 살아가기를 바라고 있었다.

　　가장 최근 앨범에 수록된 〈이 또한 지나가리라〉는 자신도 견뎌온 길인데 당신이라고 못 하겠는가, 이 어려움 또한 지나간다는 가사를 담고 있다. 힘든 순간이 지나고 나면, 그 시절이 어떤 이에게는 그리움의 대상이고 다른 이에게는 후회의 실체가 되기도 한다. 그러나 그 힘든 시기는 누구에게나 지나간다. 설령 또 다른 어려움이 우리 앞에 놓일 수 있을지라도 미리 두려워할 필요는 없다고 말하는 듯하다.

　　다만 힘든 시기를 건너는 자세를 생각하게 한다. 내가 지나온 날들이 후회가 아닌 그리움이 되기 위해서 지금 어떻게 해야 할까? 나의 플레이 리스트가 내 곁에서 조용히 속삭이고 있다.

흰색과 검은색의 거리

2022년에 피아니스트 임윤찬이 반 클라이번 국제 피아노 콩쿠르에서 우승한 후에 한동안 그의 준결승곡 리스트의 〈초절기교 에튀드〉와 결승곡 〈라흐마니노프 협주곡 3번〉을 유튜브로 반복해서 시청했다. 1초에 60번 이상을 날갯짓 한다는 벌새처럼 손가락은 민첩하고, 몸은 하늘을 나는 두루미처럼 우아했다. 경연을 초월하듯 무대를 지배하는 모습은 땅을 조망하는 독수리처럼 차분하며 당당했다. 열여덟 살의 나이에 어떻게 저런 분위기를 풍길 수 있을까? 그의 인터뷰를 들은 후에 피아노에 대한 실력은 차치하더라도 내면의 깊이에 감탄할 수밖에 없었다.

중학교 시절에 학교 근처에 피아노 학원이 두 군데 있었다. 한 곳이 같은 반 아이의 어머니가 운영하는 학원이었다. 우리가 음악 시간에 4절지 두 개를 붙여서 종이 피아노를 그릴 때, 그 아이는 그럴 필요가 없었다. 우리가 종이 건반 위에서 손가락을 움직이면서 입으로 '도레미파솔라시도'를 말할 때, 그 아이는 피아노 앞에 앉아서 양손으로 익숙한 곡을 때로는 생소한 곡을 연주하곤 했다.

음악 수업이 끝난 후에 소심하게 피아노 건반을 눌러 보았다. 그 아이의 손가락이 지날 때는 얼음 위를 미끄러지듯이 움직이는 건반이 가벼워 보였는데, 생각보다 건반이 묵직해서 쉽게 눌리지 않았다. 조금 세게 건반을 누르자 '띵' 하고 울렸다. 소리는 파문처럼 공기에 무늬를 새기다 희미해졌다. 다시 한번 다음 건반을 눌렀다. '띵' 하고 조금 전보다 높은 소리가 났다. 바로 붙어 있는 흰색과 검은색의 건반이 너무 멀게 느껴졌다. 그때는 가정 형편상 피아노를 배우는 것은 어려웠다. 언젠가 내가 다가갈 수 있는 거리일까, 하는 의문으로 피아노 뚜껑을 닫았다.

15년 전에 지인과 함께 피아노 학원에 등록했다. 등록과 동시에 어떤 종류의 피아노를 사야 할지 고민했다. 금전적이든 공간적이든 그랜드 피아노는 아니어도 우아한 조각이 새겨진 정통 피아노를 사고 싶었다. 하지만 엉망인 피아노 소리로 이웃에게 피해를 줄 수 없어서 디지털 피아노를 사기로 했다. 지인은 나중에 아이도 쓸 것을 생각해서 정통 피아노를 샀다. 디지털 피아노를 사는 게 못내 아쉬웠지만, 그때는 차선을 선택할 수밖에 없었다. 지금 생각하면 그것은 탁월한 결정이었다.

학원 선생님은 주로 초등학교 학생들을 지도하고 있었고 성인은 처음이라고 했다. 선생님은 성인에게 아이들 수업과는 다르게 성인 바이엘 세 권으로 시작했다. 바이엘은 빠르게 끝났지만, 단계가 높아진다고 실력이 그만큼 향상되는 것은 아니었다. 오른손 왼손이 따로 가야 하는데 마음만큼 쉽지 않았다. 일에 지쳐서 집에서 연습하는 것이 쉽지 않았다. 결국 얼마 못 가서 나는 그만두었고, 지인은 계속 배웠다. 피아노와 영원한 이별은 아니고 다시 돌아올 거라는 막연한 다짐이 있었다.

피아노 학원을 그만둔 지 얼마 지나지 않아 지인의 집에 초대받았다. 그녀는 〈엘리제를 위하여〉 전곡을 칠 수 있다며 내게 들려주었다. 약간의 실수가 있었지만, 지인은 끝까지 완주했다. 연주를 마치고 만면에 미소를 지으며 피아노 뚜껑을 닫는 그녀는 개선문을 통과한 승리자처럼 당당하게 보였다.

올해 문화원에서 진행하는 상반기 문화학교에 피아노 수업을 수강했다. 수강하면서 오랜만에 피아노 뚜껑을 열었다. 그동안 사용하지 않는 피아노는 공간을 차지하는 짐처럼 변했지만, 한 번도 쓰임새가 없다고 여긴 적은 없었다. 그렇다고 잘 보듬어 주지는 않았다. 어느 틈새로 들어갔는지 건반 전체가 미세한 먼지로 덮여 있었다. 먼지를 닦아낸 후에 한 음 한 음을 눌러보았다. 건반에 이상이 있지는 않았지만, 예전보다 건반이 더 묵직하게 느껴졌다. 이렇게 뻑뻑한 건반을 피아니스트들은 어쩌면 그렇게 푸딩을 만지는 것처럼 연주할까?

첫 시간에 설렘과 긴장이 손끝에서 느껴졌다. 누군가가 옆에서 지켜보는데 서툴게 무언가를 한다는 사실이 무척 어색했다. 손가락이 온전히 음을 익힐 때까지 선생님이 계속 옆에 앉아 계신 것이 몹시 불편했다. 혼자 연습할 시간을 주고 다른 학습자에게 갔으면 좋겠는데, 선생님의 수업 방침은 익숙할 때까지 지켜보는 거였다. 집에서 미리 연습해 가면 손가락의 움직임이 틀려서 처음부터 다시 해야 했다. 혼자 하는 연습이 잘못된 버릇을 고착해서 오히려 독으로 작용했다. 선생님 옆에서 더듬더듬 치는 것은 불편하고, 연습은 소용없고, 이런 딜레마에 빠져 한 학기를 마쳤다.

하반기 문화학교에 피아노 수업을 제일 먼저 신청했다. 그러나 결국 수강을 취소했다. 하반기에 진행하는 학습발표회가 부담이라는 것이 표면상의 이유였다. 가만히 들여다보면 다른 사람들 앞에서 서투른 나를 내보이고 싶지 않기 때문이었다.

피아노와의 인연은 어디까지일지 궁금하다. 피아노를 방에서 치우는 것으로 끝나는 결말일까? 나는 피아노를 동경하는가 아니면 좋아하는가? 금방 사라지는 무지개처럼 가질 수 없는 것을 막연히 소유하려는 것은 아닐까? 바라보는 것에 만족하지 못하고, 손만 뻗으면 언제든 내 것이 될 수 있다고 착각했던 것은 아닐까? 그러다 눈앞의 현실을 깨닫고 회피하려는 것이 아닐까? 사실 답은 내 안에 있지만, 아직 결말은 나조차 모른다.

임윤찬의 영상을 다시 보았다. 그의 인터뷰 일부를 떠올렸다. "마음에 나쁜 것을 품으면 음악이 정말 나쁘게 되고, 마음으로부터 정말 진심으로 연주하면 음악도 정말 진심이 느껴지게 된다." 피아노를 다시 배울 수 있고 아닐 수도 있다. 중요한 것은 마음으로부터 음악을 좋아하고 진심으로 연주하는 자세를 갖는 것이 아닐까? 적어도 마음으로부터 음악을 좋아할 수만 있어도 좋지 않을까?

4부 열무의 계절

우리는 한 계절을 온전히 보내고 다음 계절을 맞이하는 것이 아니다. 아무리 나이가 들어도, 숙성되지 않는 단맛과 풋내가 나는 각자의 여름을 품고 산다. 그런 여름의 이름이 내게는 열무이다. 내가 생열무의 맛을 알고 나서야, 여름마다 풋내 나는 생열무 비빔밥을 드시는 아버지께서 뜨거운 여름과 인생의 풋여름, 열무의 계절을 보내고 계셨음을 알았다.

냉동실 안의 붕어빵

아버지는 다시 입원해야 할지라도 건강이 약간만 호전되면 의사의 소견과 상관없이 퇴원을 강행하셨다. 다른 일에는 예전보다 온화해지셨지만, 당신의 건강에 관해서는 고집을 부리셨다. 병원에 좀 더 머물라는 그 누구의 설득도 통하지 않았다.

병원은 아버지에게 사막의 오아시스였다. 뜨거운 태양 아래 거친 숨을 몰아쉬다가 발견한 곳. 잠깐의 휴식으로 여행을 지속하게 하는 쉼터. 여행자의 목적은 오아시스에서 사는 게 아니라 사막을 통과하는 거였다. 자녀들은 오아시스에서 조금 더 기운 차리기를 바라지만 아버지는 사막의 끝이 가까이 있음을 아는 것 같았다.

입원과 퇴원이 잦은 것이 민망하셨는지 아버지는 자녀들이 병원에 자주 들르는 것을 원하지 않으셨다. 하루는 병원에 방문하기 전에 전화를 드렸다. 필요한 거 없으니 번거롭게 병원에 오지 말라고 하셨다. 시간적인 여유가 있다는 말에 아버지는 망설이다가 올 거면 붕어빵을 사 오라고 하셨다.

붕어빵이라는 말이 나왔을 때 불안감이 스쳤다. 4월 중순이 지났는데 붕어빵을 파는 곳이 있을지 의문이었다. 간절한 마음으로 붕어빵을 파는 포장마차를 찾아 이곳저곳을 헤맸다. 겨우내 같은 곳에 자리했던 포장마차는 축제장을 떠난 부스처럼 흔적 없이 깨끗했다. 따뜻한 봄날에 포장마차는 끝내 눈에 띄지 않았다.

붕어빵과 재료 면에서 비슷한 단팥빵을 사기 위해 제과점으로 향했다. 제과점에 들어서니 오븐에서 갓 꺼내진 단팥빵이 트레이에서 식고 있었다. 달콤한 단팥빵의 향이 코끝을 간질였다. 어쩌면 단팥빵이 더 몸에 좋을 것 같았다. 그러나 붕어빵을 원한 아버지께서 맛이 그리웠는지 추억을 즐기고 싶었는지 알 수 없었다. 아버지께서 오랜만에 원하는 것을 말씀하셨는데 받들지 못해 못내 아쉬웠다. 다만 따뜻한 단팥빵이 아버지의 바람과 다르더라도 만족하시길 바랐다.

붕어빵이 없어서 대신에 단팥빵을 사 왔다고 말씀드리면서 아버지의 안색을 살폈으나 다행히 실망한 기색은 없었다. 따뜻할 때 드시라고 아버지께 단팥빵을 건넸다. 식사량이 많이 줄었고, 영양식을 병행해도 잘 드시지 않았는데, 단팥빵이 조금씩 아버지 입으로 사라질 때마다 흐뭇하고 뿌듯했다. 먹는 모습만 봐도 배부르다는 표현은 과장이 아니었다. 그때는 단팥빵이 내가 아버지께 드리는 마지막 음식이라고는 생각하지 못했다.

아버지가 떠나신 후에 시골집을 청소하다가 냉동실에서 붕어 모양의 아이스크림을 여러 개 찾아냈다. 동생은 아버지가 드시던 거라고 말했다. 아버지가 아이스크림을 드셨다는 것에 다소 놀랐다.
"하루는 붕어빵을 사 오라고 하셔서 시내에 다녀온다고 했더니 인근 하나로마트에도 있다고 하시더라고요. 아버지가 말씀하신 붕어빵이 붕어싸만코였어요. 그때 제가 두 상자 사다 놨어요. 하나씩 먹고 청소할까요?"라고 동생이 말했다.
평소에 먹는 아이스크림은 아니지만, 한입 베어 물었다. 입안이 지독히 달았다. 단맛이 그날따라 더 견디기 힘들었다. 입안이 단 만큼 마음은 몹시 쓰렸다. 그날 아버지가 원한 붕어빵이 붕어싸만코였는지 몹시 혼란스러웠다.

아버지에게는 붕어싸만코가 붕어빵이었을까? 붕어싸만코를 사다 드려야 했나? 그날로 되돌아간다고 해도 붕어빵과 붕어싸만코를 동일시할 만큼의 상상력이 내게는 없다. 내게 남은 더 큰 의문은 붕어빵의 실체보다는 아버지에게 붕어빵이 갖는 의미였다.
젊었을 때 아버지는 자주 낚시를 다니셨다. 어린 눈에

낚시하는 빈도가 높으니 자연스레 낚시를 좋아하신다고 여겼다. 커가면서, 아버지가 단지 기분이 좋아서 취미 삼아 낚시하는 것이 아님을 알게 되었다. 특히 심경이 복잡할 때, 해결의 실마리가 보이지 않을 때, 아버지는 밤낚시를 가셨다. 그런 밤이면 아버지를 걱정하고 기다리는 엄마를 신경 쓰느라 물가에서 홀로 앉아 계신 아버지를 헤아리지 못했다. 그 쓸쓸하고 고독한 적막감. 집에 돌아오시면 잡은 물고기를 손질해서 엄마에게 건네며 얼큰하게 끓이라고 하셨다. 아버지의 고민이 해결되었는지는 알 수 없으나 상 위에 올라온 붕어매운탕과 거기에 더해진 소주로 아버지의 낚시는 마무리되었다.

연세를 드시면서 아버지는 점점 낚시하는 횟수가 줄었다. 어느 날 낡은 낚시 가방에서 쓸 만한 낚싯대를 작은 아버지와 지인에게 나눠 주었다. 아름다운 나눔의 현장이라기보다는 아버지 삶의 일부가 사라지는 순간이었다. 다시 돌아갈 수 없는 지나간 시간, 다시 찾아오지 않을 미래의 시간.

마르셀 프루스트의 『잃어버린 시간을 찾아서』에서 따뜻한 홍차에 찍어 먹는 마들렌이 형용할 수 없는 행복감에 젖어 들게 하고 어린 시절의 기억을 떠올리게 한다. 마들렌처럼 붕어빵은 아버지에게 단순한 간식거리가 아니라 젊은 시절을 소환하는 매개였을지 모른다. 아버지는 붕어빵을 드시며 추억을 곱씹고 계시지 않았을까?

얼마 후 아버지 산소를 방문하고 근처에 있는 편의점에 들렀다. 냉장고에서 붕어싸만코를 발견한 동생이 "우리 이거 살까요?"라고 물었을 때, 망설임 없이 "그러자."라고 했다. 물음과 대답 사이에 짙은 그리움이 묻어 있었다.

아버지의 병문안

달팽이관의 문제 때문에 이명과 어지럼증으로 삼 일간 입원하게 되었다. 아버지가 걱정하실까 봐 말씀드리지 않았는데 하필 병원에서 동네 어른을 만났다. 설마 했는데, 얼마 지나지 않아 아버지로부터 전화가 왔다. 심각한 것은 아니라고 말씀드리고, 대화를 끝내기 직전에 아버지는 병실의 호수를 물으셨다. 정말 괜찮다고 굳이 오실 필요가 없다고 말씀드렸지만, 아버지는 오전 11시쯤 병원에 들르셨다. 아버지가 입원하실 때마다 환자복을 입은 아버지는 늘 가슴을 저릿하고 서늘하게 했다. 자녀가 환자복을 입고 있는 모습이 아버지 눈에 어떻게 비칠지 난감했다.

식사 여부를 묻는 아버지의 양손에 전혀 어울리지 않은 음식이 들려 있었다. 한 손에 롯데리아가 쓰여 있는 봉투와 다른 손에는 같은 브랜드 이름이 쓰인 종이컵이 들려 있었다. 아버지가 건네는 봉투를 받아 들 때, 그 안에 다른 내용물이 있어야 할 것 같았다. 그러나 봉투 안에 따뜻한 햄버거와 감자튀김이 들어 있었다. 종이컵에는 탄산음료 대신에 흰 우유가 담겨 있었다. 햄버거에 우유를 함께 먹어 본 적이 없어서 다소 당황스러웠다.

무엇보다 궁금한 것은 아버지가 어떻게 사셨는지가 아니라 왜 햄버거와 우유를 살 생각을 하셨을지였다. 평소에 어머니는 자녀가 사 온 피자, 스파게티, 햄버거 등을 함께 드셨다. 반면에 아버지는 그런 음식에는 결코 입을 대지 않으셨다. 그런 분이 자녀 병문안에 햄버거를 들고 오셨다는 사실이 무척 낯설었다.

아버지는 괜찮은지, 언제 퇴원하는지, 치료 잘 받고, 식사 잘하고, 필요하면 연락하라는 간단한 말씀을 남기고는 바로 병실을 떠나셨다. 너무나 아버지다운 병문안이지만, 번거롭게 오신 것이 마음에 걸렸다. 그럼에도 병실에 들어오실 때 상기되었던 아버지의 얼굴이 다소 진정되어 보여 마음이 놓였다. 햄버거와 우유만이 조금 전에 누군가가 왔었음을 보여주었다.

아버지는 어떤 일이든 당신의 눈으로 직접 확인해야 마음을 놓으셨다. 어느 겨울 내가 교통사고가 났을 때, 전화로 몇 번이나 괜찮다고 말씀드렸음에도 외투를 걸치는 것도 잊고서 서둘러 현장에 오셨다. 내가 다치지 않았다는 것을 확인한 후에야 안심하셨다. 둘째 형부가 서울에 있는 병원에 입원했을 때, 방문하기로 한 날에 아버지의 몸이 좋지 않으셨다. 버스에 오르기 직전까지 구토하셨지만, 기필코 버스에 오르셨다. 형부의 상태가 아버지의 예상보다 좋지 않았지만, 언니와 형부를 마주한 아버지는 정제되고 함축된 말로 안부를 물으셨다. 그 짧은 만남을 뒤로하고 집으로 돌아오는 버스 안에서 아버지의 심정을 온전히 헤아릴 수는 없었다. 다만 당신이 할 수 있는, 해야 하는 가장 작은 일을 끝냈고, 다음 단계로 나아가야 한다는 표정이었다.

크든 작든 아버지의 삶에서 회피는 없었다. 언젠가 할 일이라면 먼저 하는 것이 낫다는 신념을 실행하며 사신 분이었다. 상상으로 불분명해지는 불안보다 현실을 직면하여 타개할 방법을 찾는 분이었다. 그런 과정에서 굳이 겪지 않아도 될 시련과 좌절을 온몸으로 맞으셨지만, 후회는 없으셨다. 병문안을 오셨을 때, 병실을 나가신 아버지의 발걸음은 적어도 들어오실 때보다는 홀가분해 보였다.

아버지가 병실에 오셨을 때 간호사가 다른 환자를 살피고 있었다. 탁자에 놓인 햄버거와 우유를 본 간호사는 체내에서 염분을 빼내는 약 성분 때문에 우유만 마시고 햄버거는 먹지 말라고 했다. 간호사의 말에 구미가 당기지 않았던 햄버거는 금단의 열매처럼 유혹적이었다. 평범한 햄버거이지만, 아버지가 사 온 햄버거라 무척 특별해 보였다. 그 특별함을 맛보지 못했다는 아쉬움이 오랫동안 지속될 것만 같았다.

언니들과 차를 마시면서 이런저런 얘기 도중에 햄버거 이야기가 나왔다.

"그거 알아? 우리 집에서 내가 처음으로 엄마에게 햄버거를 사다 드렸잖아. 처음에는 말씀 없으시더니 나중에는 '햄버거가 맛있구나.'라고 하셨어." 둘째 언니가 뿌듯한 표정을 지으며 말했다.

"야, 아버지가 나 입원했을 때, 롯데리아 햄버거와 바나나우유 사 오셨거든." 큰언니가 말했다.

"아버지가 햄버거를 사 오셨다고?" 둘째 언니가 놀라서 물었다.

"뭐야, 언니에게도 햄버거를 사다 주셨어? 내가 입원했을 때는, 햄버거와 흰 우유를 사다 주셨는데."라고 내가 말했다.

둘째 언니는 아버지가 자녀들의 병문안 때마다 햄버거를 사 가신 것이 믿기지 않은 눈치였다.

많은 것 중에서 하필 왜 햄버거였을까?

아버지는 토목업에 종사하셨기 때문에 일하는 분들의 간식으로 카스텔라와 단팥빵, 우유 등을 많이 사셨다. 우리가 어렸을 때 하루가 끝나고, 아버지가 가져오신 빵과 우유는 자연스럽게 우리 차지였다. 새끼 제비가 입을 벌리듯 아버지가 가져오는 빵은 특별 간식이었다. 우리는 커가면서 시중의 빵보다 제과점 빵을 선호하게 되었다. 언제부터인지 아버지가 가져오신 빵은 더 이상 환영받지 못하는 존재가 되었다. 어느 순간부터 아버지도 더 이상 빵과 우유를 가져오지 않으셨다. 어쩌면 아버지는 자녀들을 생각해서 늘 필요 이상으로 빵과 우유를 사셨을지도 모른다.

　　햄버거는 아버지가 자녀들에게 사다 준 빵의 최신 버전이 아닐까. 둥근 카스텔라와 단팥빵 모양을 한 햄버거는 자녀에게 주고 싶은 아버지의 마음이 아니었을지 짐작할 뿐이다.

아이스크림의 예#감

<u>집으로 돌아오는 차 안에서 아이스크림이 떠올랐다.</u> 갑자기 아이스크림, 아이스크림이 떠오르다니. 왠지 좋은 예감이 들었다. 아이스크림을 먹으면 지금 이 상태에서 벗어날 것 같은 막연한 기분. 어쩌면 머리가 기억해 낸 간절하고 절실한 몸부림이었을지 모른다.

며칠 동안 어지럼증 때문에 컨디션이 좋지 않았다. 좋아지길 바라며 잠에 들지만, 아침에 눈을 뜨면 어제보다 머리는 더 멍하고, 공중을 걷는 것처럼 발에 힘이 실리지 않았다. 무엇보다 집중력이 흐려진 탓에 자잘한 실수를 범했다. 그러한 실수는 결국 자책을 반복하는 결과를 낳아 자신감도 떨어뜨렸다. 이미 한 달 정도 약을 먹었는데 증상은 여전했다. 증상이 호전되지 않자, 지난번 진료에서 의사 선생님이 스테로이드 성분이 들어간 약을 조심스럽게 언급했다. 그

러고 나서 바로 고개를 저으면서 그 약의 처방을 보류했다.

진료를 받기 위해 두 시간 정도 기다리는 것도 힘들지만, 스테로이드가 함유된 약을 처방받는 상황으로 몰릴까 봐 더더욱 병원의 방문을 미루고 있다. 언제부터인가 나을 거라는 기대보다 약의 효과가 오래 지속되기를 바랐다. 그런데 병원에 가는 횟수가 잦아졌고 약을 먹는 기간이 점점 늘어갔다. 일 년 육 개월에 일주일만 약을 먹으면 어지럼증이 가라앉았지만, 점차 일 년에 두세 번에서 서너 번으로 병원에 가는 횟수가 늘었고 복용 기간은 매번 한 달 정도로 늘어났다.

내가 약을 장복하는 것을 우려할 때마다 선생님은 부작용이 없는 약이라며 안심시켰다. 그랬던 선생님이 스테로이드 성분을 조심스럽게 꺼냈을 때, 막다른 골목에 다다른 기분이었다. 최후의 보루를 사용해 버리면, 마지막 선택지마저 사라진다는 두려움이 엄습했다. 남은 선택지가 전혀 없을 때, 그 막막함을 견딜 방법을 아직 찾지 못했다. 사실 견딘다는 것이 신체적 한계의 보완제처럼 들리지만, 한계에 부딪히면 정신적인 힘은 제대로 발휘되지 않는다. 그런 무력함을 겪어 본 사람은 정신력이라는 그럴듯한 처방이 얼마나 임시방편이고 무용지물인지 안다.

초등학교 5학년 때, 어지럼증으로 오랫동안 학교에 가지 못했다. 내가 할 수 있는 전부는 누워 있는 거였다. 누워 있는 시간은 더디고 느리게 흘렀다. 언니들과 동생들이 학교에 가고 나면, 집은 고요하고 방 안은 적막했다. 눈을 뜨면 보이는 것은 천장과 벽이었다. 까무룩 잠들었다가 잠깐 깨기를 반복하며 하루하루를 보냈다. 가끔 열어 놓은 뒷문으로 보이는 장독대와 나무들. 바람에 흔들려 나풀거리는 나뭇잎. 밖의 평온과는 달리, 잠깐 깨어 있을 때 내 안으로 찾아드는 상념은 거칠었다. 어지럼증이 계속될 것 같은 불안으로 나을 거라는 희망보다는 절망이 넘실댔다. 이런 일이 나에게 일어날 거라고 상상조차 하지 않았던 것처럼, 이런 상태가 언제 끝날지를 예상하는 것 또한 불가능한 일이었다.

아프기 전에는 구경하기 어려운 음식이 머리맡에 놓였지만, 그런 것들 역시 먹고 싶은 생각이 들지 않았다. 혹시나 하고 입에 넣지만, 맛을 느끼기는커녕 비위에 안 맞았다. 할머니와 엄마는 무엇이든 먹이려고 애쓰셨지만, 어떤 음식도 메스꺼워서 삼킬 수 없었다. 약을 먹기 위해 간신히 밥을 몇 숟가락 먹었다. 알약을 삼키지 못하자 할머니와 엄마는 매번 약을 가루로 빻았다. 숟가락에 약을 놓고 물을 조금 부어 걸쭉하게 만들었다. 쓰디쓴 약을 먹고 나면, 할머니는 알사탕 하나를 입에 넣어주셨다. 그마저도 끝까지 먹지 못하고 뱉어내었다. 다행히 시간이 지나면서 약간은 앉아 있을 정도로 증상이 완화되었다.

여름 방학이 시작하여 학교에 가지 않은 언니와 동생으로 집은 활기찼지만, 여전히 나의 시간은 더디게 지나고 있었다. 하루는 밖에서 청량한 웃음소리가 들려왔다. 무엇이 그렇게 신나서 뛰어다니는지 동생과 사촌 동생의 소리가 나를 마루로 이끌었다. 문을 열고 나가자 열기로 달궈진 더운 바람이 얼굴에 부딪혔다. 마루 중간쯤 앉자, 처마 너머로 보이는 파란 하늘과 흰 구름에 눈이 시렸다. 빨랫줄에 빨래가 널려 있고 바지랑대에 잠자리가 앉아 있었다. 아주 평범한 모습인데, 오래전 풍경처럼 낯설고 아득하게 느껴졌다. 마루와 마당 사이에 내가 넘지 못하는 투명한 벽이 놓인 듯했다.

"아이스크림 먹을래?"

엄마의 목소리에 투명한 벽이 사라졌다. 가게에 다녀오셨는지 엄마가 검정 비닐봉지에서 아이스크림을 하나 건네셨다. 손에 닿은 차가운 감촉이 나쁘지 않았다. 아이스크림을 입에 머금은 채 잠시 있었다. 아이스크림이 혀에 닿자, 차가움이 입안뿐만이 아니라 눈과 머릿속까지 닿았다. 순간 눈의 열기가 가라앉고, 머리가 맑아져 풍경이 선명하게 들어왔다. 성냥팔이 소녀가 성냥 하나를 켤 때마다 짧은 행복과 따뜻함을 맛보듯이 아이스크림을 한입씩 먹을 때마다 마음속에 빛이 하나씩 켜졌다. 아이스크림 하나를 먹는 동안에 한동안 잃어버려서 잊었던 희망이 떠올랐다. 어둠의 끝이 가까워지고 있다는 예감이 막연히 가슴을 두드렸다.

마음이 꾸며내는 위약僞藥일지라도 차 안에서 불현듯 떠오른 아이스크림에 한 줄기 빛이 보였다. 애석하게도 그날은 가게에 들를 만큼의 에너지조차 없었다. 병원에 갈까 고심하다가 이명과 어지럼증에 효과를 봤다는 영양제를 추천받았다. 아직 최후의 선택지를 받아들이고 싶지 않은 마음이 컸다.

며칠 후에 약을 처방받은 것처럼 아이스크림 여러 개를 사 왔다. 냉동실에 있는 상비약 덕분인지 마음이 든든했다. 한동안 잠잠해진 것 같더니 오늘은 컨디션이 좋지 않았다. 효과가 아주 오래 지속되길 바라며 냉동실에서 아이스크림 하나를 꺼냈다.

마침표 . .

끝이면서 새로운 시작

끊임없는 시간 속에서 끝이라는 단어가 있어서 다행이다.
그 끝은 단절이 아니다.
하루의 끝. 일주일의 끝. 한 달의 끝. 일 년의 끝.
마침표가 둥근 이유는? 360도를 돌면 시작인 동시에 끝이고 끝인 동시에 시작이다. 그러나 반복되는 과거로의 회귀가 아니라 한 걸음 한 걸음 앞으로 나아간 시작이다.
하루의 시작. 일주일의 시작. 한 달의 시작. 일 년의 시작.

열무의 #계절

어느 해보다 더웠던 지난여름, 이열치열하며 태양의 열기로 가득한 공원을 걷고 있었다. 화두 중 하나가 더워서 무엇을 먹어도 입맛에 맞지 않다는 거였다. 그때 음식 솜씨가 좋은 지인이 얼마 전에 열무와 얼갈이배추를 섞어 김치를 담갔다고 했다. 그 대화의 끝에 "우리가 재료를 사서 선생님 댁으로 갈게, 함께 김치를 담가요."라며 농담 아닌 농담을, 부탁 아닌 부탁을 했다. 지인은 세 명의 공세를 흔연스레 받아주었고 그다음 주 일요일에 김치를 담그기로 했다.

  예전에 엄마나 큰언니 옆에서 열무를 다듬은 적이 있는데 그 후로 무척 오랜만에 열무 앞에 앉았다. 마트가 아닌 집에서 많은 열무와 얼갈이배추를 보니 신기하기도 했다. 여럿이 모여서 열무를 다듬고 씻는 과정이 즐거웠다. 간을 못 맞춰도 배추김치는 담그려고 시도한 적은 있다. 그러나 열무는 잘못 담그면 풋내가 난다고 해서 시도할 엄두가 나지 않았다. 그럼에도 여름만 되면 열무에 대한 갈망이 일었다. 사서 먹기도 하지만, 시중의 열무김치는 단맛이 강하거나 쓴맛이 나고 때로는 쉬이 물러서 엄마의 손맛을 느끼기 어려웠다. 지인의 정성과 손맛이 만들어낸 열무김치는 한동안 여름 식탁의 파수꾼이었다.

한여름이면 엄마가 연례행사처럼 가족을 위해 닭백숙을 끓였다. 언제든 먹을 수 있지만, 삼복 중 하나에 닭백숙을 먹는 것이 여름을 잘 나는 비법 중 하나였다. 집이 지어지기 전인 재래식 부엌에서부터 입식 부엌으로 바뀌었어도 엄마가 주방에서 흘리는 땀은 줄지 않았다. 우리가 거실에서 에어컨을 켜고 있을 때, 엄마는 거실과 접한 부엌문을 닫고 부엌 창문으로 들어오는 바람만을 맞으며 요리해야 했다. 오히려 예전의 부엌보다 더 많은 열기를 받으며 여름을 보내셨다. 그런 음식이 우리에게 보양이 되었다면, 엄마의 흘린 땀이 빚어낸 결과물이었다.

다행히 우리에게는 엄마의 땀을 담보로 하지 않는 열무가 있었다. 아버지는 여름이면 유독 보리밥, 더 정확히는 열무 보리 비빔밥을 즐겨 드셨다. 보리밥에 맛있게 익은 열무와 칼칼하게 끓인 된장찌개를 넣고 고추장으로 쓱싹쓱싹 비비면 끝. 사실 정답이 아니다. 아버지는 열무김치가 아닌 말 그대로 열무, 생열무로 밥을 비비셨다. 엄마는 열무를 사다가 김치를 담을 때면, 억센 열무는 김치를 담고 여린 줄기는 따로 남기셨다. 적당한 크기의 생열무가 상에 오르면 아버지는 보리밥이 아니어도 쌀밥에 열무를 넣어 비벼 드시곤 했다.

텃밭에 뿌린 열무가 하트 모양의 떡잎을 내밀었다. 여린 줄기에 다른 잎이 돋고, 열무는 점점 자랐다. 어느새 빽빽해진 열무는 솎아져서 겉절이가 되기도 했다. 다 자란 열무는 열무김치가 되고 열무비빔밥과 열무국수의 재료가 되었다.

가까이에 사는 작은아버지 식구가 식사하러 오면 평상 옆에 돗자리가 깔렸다. 마당 한쪽에 모깃불이 피워지고, 평상과 돗자리 구석에 모기약이 놓였다. 엄마는 큰 양푼에 새콤한 열무김치가 들어간 양념으로 국수를 비벼서 한 그릇씩 우리에게 주셨다. 돗자리에 앉아 국수를 먹다 보면, 엄마는 열무김치 비빔밥을 갖다주셨다. 주걱의 마찰로 살짝 뭉개진 밥의 틈새로 된장찌개와 고추장이 배어들었다. 그 위로 열무김치의 신맛이 밥을 감쌌다. 비빔국수가 톡 쏘는 단맛과 신맛으로 혀끝을 먼저 두드린다면, 비빔밥은 산미가 감도는 달짝지근한 맛에 톡톡 밥알이 씹히는 식감으로 침샘을 자극했다.

아버지는 여느 때처럼 생열무에 고추장은 조금 넣고 대신 된장찌개로 간을 맞춰 밥을 비비셨다. 아버지가 비빌 때마다 한 숟가락씩 맛을 보아도 생열무 비빔밥의 참맛을 알지 못했다. 생열무는 풋내가 나고 살짝 아린 맛이 감돌았다. 열무김치와 달리 간이 배지 않은 생열무는 된장찌개와 고추장이 묻어 있는 정도였다. 열무김치가 가을 햇살을 받은 빨간 사과 같다면 생열무는 초록색 풋사과 맛이었다. 평소에 곰삭은 액젓이 들어간 김치를 즐기시는 아버지께서 여름철이면 생열무 비빔밥을 즐기는 것이 의문이곤 했다.

열무를 여름과 더 강렬하게 연결 짓게 된 것은 김연수 작가의 『청춘의 문장들』이란 책 때문인지도 모른다. 책은 '청춘 일기'처럼 작가의 어린 시절과 대학 시절, 군대 이야기, 시인으로 등단하고 소설을 쓰게 된 이야기 그리고 현재진행형인 삶 등을 담고 있다. 더불어 작가의 혼돈과 혼란의 시기에 함께해준 많은 인물의 삶과 그들의 책 속 글귀들을 소개한다.

「내리 내리 아래로만 흐르는 물인가, 사랑은」에서 작가는 딸 열무가 태어나기 전부터 자전거를 함께 타고 싶어 한다. 두 번째 여름을 맞아 자전거 앞에 아이용 의자를 설치하여 어린 열무를 앉히고 근처 둑길을 달린다. 열무와 자전거를 타다가 작가는 어린 시절 갑자기 직장을 그만두고, 자신을 자전거에 태워 친구를 만나러 가던 아버지를 떠올린다. 자신이 여전히 아버지로서 서툴지만, 아버지 덕분에 그나마 아버지 역할을 하고 있다고 말한다. 그러면서 작가는 열무와의 세 번째 여름은 어떨지 기대한다. 열무가 실명인지 아닌지와 상관없이 작가가 열무와 보내는 매년 여름을 응원하게 되었다. 그러면서 아버지로서 고군분투하며 여름을 보내는 작가에게서 모든 아버지의 모습을 보았다.

봄이 갓 태어난 청춘을 대변한다면, 여름은 격변을 겪는 청춘이다. 봄의 풋풋함을 벗어나 여름처럼 열정으로 불타오르지만, 사실 여름은 성숙한 계절이 아니라 담금질하는 시기이다. 외적으로는 달라졌지만, 더 많은 시련과 고통으로 성장해야 한다. 풋내를 벗어버리지 못한 열무 같은, 풋사과처럼 아직 짙은 단맛을 지니지 못한 청춘이 여름이다.

우리는 한 계절을 온전히 보내고 다음 계절을 맞이하는 것이 아니다. 아무리 나이가 들어도, 숙성되지 않는 단맛과 풋내가 나는 각자의 여름을 품고 산다. 그런 여름의 이름이 내게는 열무이다. 내가 생열무의 맛을 알고 나서야, 여름마다 풋내 나는 생열무 비빔밥을 드시는 아버지께서 뜨거운 여름과 인생의 풋여름, 열무의 계절을 보내고 계셨음을 알았다.

미역국 한 그릇

그동안 지인이 좋은 미역을 선물 받았다고 나눠준 것을 먹느라 집에 있던 미역을 까맣게 잊고 있었다. 새로 미역을 샀는데, 집에 와서 보니 이전에 먹던 120g짜리 미역이 거의 그대로 있었다. 누룽지, 라면, 미역, 달걀은 사총사처럼 쌀을 제외하고 간식, 부식, 주식으로 마지막의 마지막까지 집에서 떨어지지 않는 재료이다.

네 가지 재료는 대부분 요리하기 쉽지만, 처음에 미역국을 끓일 때 미역을 얼마나 불려야 할지 가늠하지 못했다. 건더기를 좋아하는 나는 적당한 양보다 더 미역을 물에 담갔다. 얼마 후에 물을 먹은 미역은 그릇에 흘러넘쳤다. 어쩔 수 없어 불린 미역 전부를 적당한 냄비에 넣고 끓였다. 물이 뜨거워질수록 미역의 부피가 더 늘어서 국물이 보이지 않았다. 더 큰 냄비로 옮기고 물을 더 붓고 나서야 미역국이 완성되었다. 시행착오를 거쳐 이제는 미역의 양을 짐작할 수 있다. 미역이 많으면 물을 더 넣으면 되니까, 적어도 당황하지는 않는다.

30여 일의 유통기한이 남은 미역의 반을 물에 담갔다. 다음으로는 무엇을 넣고 끓일지였다. 감자, 관자, 소고기, 황태? 소고기는 사러 나가기 귀찮고, 관자는 해동에 시간이 걸린다. 미역을 많이 불렸으니까, 아무것도 들어가지 않는, 참기름에도 볶지 않는 말 그대로 맑은 미역국을 끓이기로 했다. 뜨거운 물에서 검푸른 미역이 짙은 녹색으로 바뀐다. 맑은 미역국에서 가장 잘 느낄 수 있는 바다의 향이 냄비에 가득 담겼다. 몇 년 치 생일 미역국이 완성되었다.

엄마가 계실 때, 생일에 미역국은 당연했다. 그러나 지금은 "생일인데 미역국은 먹었어?"라는 전화를 받으면 '생일 축하해'라는 의미로 받아들인다. 어릴 적에 언니들과 나는 소고기를 좋아하지 않아서 거의 먹지 않았다. 그릇 테두리와 표면을 따라 뜬 거품 같은 기름이 싫었다. 입술과 혀에 닿는 미세한 끈적임과 목구멍을 타고 넘어가는 미끈거리는 감촉도 싫었다. 무엇보다 식은 후에 그릇에 남은 하얀 기름은 소고기를 더 먹고 싶지 않게 했다.

자녀들의 생일이면, 엄마는 일부러 소고기가 없는 맑은 미역국을 끓였다. 맑은 미역국이 상에 올라오면 아버지는 누구의 생일인지 묻곤 하셨다. 숟가락에 떠올려진 맑은 국물에 초록색이 살짝 스며 있다. 옅은 바다 향이 코끝을 스치고, 입안으로 미세한 바다 향기가 퍼진다. 밥 한 숟가락, 국물 한 입, 미역 한 젓가락. 국에 밥을 말면 국이 지닌 본연의 맛이 밥에서 나오는 탄수화물로 인해 달짝지근해진다. 어릴 때는 무뎌진 맛이 싫어서 국에 밥을 말지 않았다. 맑은 미역국의 밋밋함에 밥이 들어가면 밍밍해져서 밥과 국의 매력 둘 다 반감된다.

성인이 되어 시간에 쫓기다 보니 집에서 바쁘게 식사할 때면 국은 어느새 밥과 혼연일체가 되곤 한다. 그렇지만 맑은 미역국을 먹을 때는 본연의 맛을 지켜가며 먹는다. 나중에는 소고깃국을 먹게 되었지만, 맑은 미역국은 늘 생일을 떠올리게 한다.

대학 때, 친구의 초대로 저녁을 먹으러 갔다. 친구는 자취방의 좁은 부엌에서 닭 한 마리를 사용해서 미역국을 끓이고 있었다. 소고기미역국을 그제야 먹게 되었는데, 닭이 들어간 미역국은 처음이라 긴장되었다. 닭도 미역도 먹어본 재료지만, 닭과 미역은 한 번도 상상한 조합이 아니었다. 생소한 음식에 도전적이지 못한 나로서는 미역국에 떠 있는 기름에 먼저 눈길이 갔다. 검푸른색의 미역에 하얗게 들어간 닭고기는 미역과 소고기의 조합보다 훨씬 낯설었다. 닭미역국에 선뜻 숟가락이 가지 않았다.

"나 태어나서 닭미역국은 처음 먹어 봐." 어색한 미소를 지으며 말을 꺼냈다.

"그래? 우리 동네는 자주 해 먹는데. 어서 먹어 봐. 맛

있을 거야."

이 말을 끝으로 식사가 시작되었다. 손맛이 좋은 친구의 음식은 분명히 맛있었다. 그럼에도 닭미역국이 처음이라는 이유로 먹는 내내 온전한 맛을 느끼지 못했다.

처음이 있어야 두 번째, 세 번째가 있다는 것을 알면서 첫 시도를 주저한다. 꼭 이것을 해야 할 필요가 없다고 합리화하려는 수많은 이유를 찾는다. 특히 음식 앞에서 더욱 그렇다. 그날 친구 집을 나오면서 들었던 한 가지는 새로운 음식 하나를 먹은 만큼 경험의 폭이 늘었다는 뿌듯함이었다. 나중에 터득했지만, 미역은 어떤 재료와도 궁합이 좋아서 다양한 종류의 미역국을 끓일 수 있다는 거였다.

유통기한 10여 일 남은 미역이 아직 1/4이나 있었다. 이번에는 무엇을 넣고 미역국을 끓일까 하는데 참치캔이 눈에 들어왔다. 아버지께 비린내 나는 참치로 미역국을 끓여 드린다고 큰언니에게 한두 번 잔소리를 들은 적이 있다. 아버지께서는 평소에 우족牛足과 돼지족발, 사골국을 자주 드셨다. 그래서 나는 가급적 고깃국이 아닌 된장국, 콩나물국, 미역국, 감잣국 등을 끓이려고 했다. 그렇지만 아버지 밥상에 맑은 미역국은 무언가 빠진 것 같아서 참치를 넣곤 했다. 그럴 때마다 큰언니는 엄마가 끓여줬던 맑은 미역국이 차라리 낫다고 했다. 나도 참치미역국을 좋아하지는 않지만, 아버지께 드릴 때면 자꾸 무언가를 넣게 되었다.

참치미역국을 한 대접 퍼서 식탁에 놓았다. 맛술을 한

숟가락 넣었음에도 옅은 비린 맛이 났다. 국이 싱거워서 더 비린 맛이 나는 걸지도 모른다. 미역국을 다 먹고도 비린 향이 입안에 남았다.

아버지는 이런 미역국을 드셨겠구나. 아버지는 다른 사람이 한 음식은 이렇다저렇다 말씀하셨지만, 내가 한 음식에는 별말씀이 없으셨다. 다만 소금과 간장, 때로는 고춧가루나 후추를 더 넣어 국이나 찌개의 간을 맞추곤 하셨다. 간을 맞추려고 노력했지만, 늘 쉽지 않아 마지막에 간을 맞추는 사람은 대부분 아버지였다.

아버지가 그러셨던 것처럼 남은 미역국에 간장을 살짝 더 넣었다. 감칠맛이 조금 더 올라왔다.

은행에 맺힌 사랑

OTT 플랫폼 넷플릭스에서 방영하는 드라마〈오징어게임〉속 등장인물들은 상금을 위해 목숨을 담보로 게임에 참여한다. 회차에 따라 다양하고 친숙한 종류의 게임이 나온다. 익숙한 게임을 하면서 목숨이 경각에 달린 등장인물의 상황에 섬뜩한 모순을 느낀다. 동시에 어린 시절에 경험했던 놀이는 추억을 불러온다. 한 회차에서 딱지치기와 비석치기, 다섯 알 공기, 팽이치기, 제기차기가 나온다. 만약 내가 극의 등장인물이라면 어떤 종목에 참가할 수 있을까? 그나마 성공할 확률이 높은 것은 공기놀이였다. 강하늘 배우가 공기할 때, 마치 내가 선수로 참여한 것처럼 이입하였다.

다섯 알 공기는 보통 어떤 내기가 걸린다. '50동 먼저 나가기. 꼴찌가 설거지하기, 떡볶이 만들기, 라면 끓이기, 거실 청소하기 등.' 그냥 할 수 있는 일이지만, 내기가 걸리면

지고 싶지 않아 투지가 높아진다.

 어느 토요일 오후에 막냇동생이 엄마에게 운동화를 빨아달라고 했다. 그날따라 장난기가 발동했는지 엄마는 동생이 공기를 이기면 빨아주겠다고 제안했다. 동생은 왠지 자신이 손해라며 투덜거렸지만, 내기에 응했다. 엄마는 게임이 끝나고 마음이 달라질 수 있으니까, 운동화를 물에 담그고 시작하자고 했다. 어린 시절로 돌아간 듯 엄마는 다섯 알 공기에 최선을 다했다. 언니와 나는 옆에서 열심히 엄마를 응원했다. 결국 엄마의 승리로 게임이 끝났다. 엄마는 동생에게 바로 욕실로 가서 신발을 빨도록 했다. 동생은 그날의 이야기가 나오면 '진짜로 어머니가 제게 신발을 빨라고 할 줄은 몰랐어요.'라며 억울해하지만, 표정은 그날의 정겨운 순간을 거니는 듯하다.

 초등학교 때 점심시간이나 학교가 일찍 끝나는 토요일이면 아이들 몇 명과 우리만의 특별한 플라타너스로 갔다. 그 플라타너스 아래 숨겨둔 공깃돌로 다섯 알 공기나 많이 공기를 했다. 나는 많이 공기가 더 재밌었다. 한꺼번에 여러 공깃돌을 잡았을 때의 짜릿함과 바닥에 깔려 있던 공깃돌이 차츰 줄어들 때의 성취감, 공깃돌을 저금할 때의 뿌듯함을 한꺼번에 느낄 수 있었다. 학년이 올라가면서 손이 커지고 민첩해지면서 점점 거침없이 공깃돌을 낚아챌 수 있었다.
 오른손 공기가 심심하면 왼손으로 다섯 알 공기를 연습했다. 오른손은 빙판을 활주하듯 매끄럽게 공깃돌을 잡아챘다. 그러나 왼손은 공깃돌을 공중에 띄우는 것부터 난관이었다. 간신히 공깃돌을 띄운 왼손은 거대한 매머드가 설원을 밟듯 둔탁한 소리를 내며 바닥을 쳤다. 바닥에 있는 공깃돌을 집을 때쯤이면 공중에 있던 공깃돌은 이미 바닥으로 떨어졌다. 왼손은 다른 사람의 지배를 받는 것처럼 내 뜻을 전혀 따라주지 않았다. 그렇지만 엄마는 양손잡이기 때문에 왼손으로도 가볍게 공깃돌을 집어 올리셨다. 엄마만큼 잘하고 싶어서 부단히 노력했지만, 쉽지 않았다. 손에 힘을 빼라는 엄마의 조언을 따르고 싶어도 공깃돌이 왼손에만 올라가면 벽돌 한 장처럼 무겁게 느껴졌다.

어느 해 가을, 밖에서 악취가 풍겨왔다. 현관문을 열고 밖으로 나가니 엄마가 바깥 수돗가에서 은행을 열심히 비비고 계셨다. 코만이 아니라 온몸이 냄새를 맡는 것처럼 점점 심해졌다. 엄마는 잘못 만지면 옻을 탈 수도 있다며 가까이 다가오지 못하게 하셨다. 엄마 옆에 은행이 담긴 자루가 여러 개 있었다. 엄마는 은행을 씻어내고 또 씻어냈다. 깨끗하게 씻긴 은행은 채반에 올려 양지바른 곳에서 여러 날 동안 말려졌다.
할머니가 펜치로 은행 껍질을 깔 때 옆에서 도와드렸다. 펜치에 힘을 세게 가하면 은행이 뭉개지기도 하고 펜치에서 은행이 튕겨 나가기도 했다. 껍질이 까진 은행은 식용유를 두른 프라이팬에서 구워졌다. 프라이팬에서 연갈색과 갈색의 얇은 막이 벗겨지면 초록색의 알맹이가 모습을 드러냈다. 쌉싸름하지만, 쫀득한 식감의 은행은 맛있었다. 할머니는 많이 먹으면 안 좋다며 하루에 다섯 알 정도만 먹으라고 하셨다. 밥에도 은행이 들어갔으나, 구운 것만큼 맛있지는 않았다. 시간이 지날수록 은행이 물리기 시작했다.

날씨가 추워져서 방에만 있던 어느 날, 엄마는 그릇을 들고 방에 들어오셨다.
"너희들, 공기할래?"
엄마가 이불 위로 그릇을 기울이자, 은행이 쏟아져 나왔다.
"공기하기엔 좀 작은가?"라며 조심스레 말을 건네셨을 때, 우리들은 이미 이불 주위로 몰려들고 있었다.
은행이 작아서 두툼한 이불을 깔자, 잡는 데 수월해졌다. 어느 면에서 작은 은행이 잡기 쉽지 않아서 도전 정신을 불어넣었다. 우리가 거실로 나오지 않고 방에만 있자, 할머니가 방에 들어오셨다.
"기껏 힘들게 씻어서는 애들에게 공기하라고 줬구먼. 네 어미가 욕심을 부리며 은행을 많이 주울 때 알아봤다."
할머니는 따끔한 일침 이후 더 이상 말씀하지 않으셨다.

기억은 뇌에서 보관되고 가슴에서 추억된다. 은행을 볼 때마다 그해 가을, 냄새를 견디며 은행을 씻던 엄마가 떠오른다. 은행을 까서 프라이팬에 구우시던 할머니가 생각난다. 은행을 이쑤시개에 꽂아 건네시던 할머니. 은행을 이불 위로 쏟으며 놀이로 내어주던 엄마.

    이전에는 단지 하나의 행위에 지나지 않았던 것들. 씻고 또 씻고. 완전히 마르도록 뒤집고 또 뒤집고. 깨고 또 굽고. 타지 않고 잘 익도록 뒤집고 또 뒤집고.

    마음은 추억을 상기하는 것에 그치지 않고 거기에 색을 더한다. 은행잎이 노랗게 물들수록 나무에 맺힌 사랑 또한 노랗게 물들어 간다.

앰퍼샌드ampersand & &

함께라는 이유만으로

너와 나, 우리
얼굴을 마주하고 손을 내민다.
손을 잡고 앞을 보고 나란히 걷는다.
함께라는 이유만으로 안심이 되고 위안을 얻는다.

새콤하고 달콤하게

아파트 근처 상가들의 업종이 자주 바뀐다. 그중에서 한 곳은 더 빈번히 바뀐다. 과일가게였다가, 얼마 지나지 않아 치킨을 팔았다. 치킨집은 몇 달간 유지했지만, 결국 '임대 문의'를 알리는 문구가 붙었다. 한참 지나 가게 전체가 노란색 페인트로 칠해졌다. 어떤 가게가 들어올지 궁금증을 불러왔다. 며칠 후에 '○○탕후루'라는 간판이 보였다. 후식으로 탕후루만 먹는 것처럼 TV 광고에서도 탕후루, 어딜 가나 탕후루. 그 인기를 실감하듯 가까이에 탕후루 가게가 들어섰다.

    개인적으로 탕후루 자체에 어떤 끌림도 없다. 과일에 설탕 시럽을 묻히는 것은 솜사탕에 설탕을 뿌리고, 아이스크림에 꿀을 바르는 것과 비슷해 보인다. 화려함 위에 화려한 장식은 맛의 지나친 사치처럼 느껴진다. 딸기와 샤인머스캣은 맛있다는 지인의 추천에 한번은 먹어 볼까 했는데, 라디오 사연이 도전 의지를 꺾었다. 치과에 다녀온 후에 탕후루를 먹다가 치료받은 부분이 떨어졌다는 사연이 소개되었다. 청취자들은 이와 유사한 사례를 실시간으로 방송에 보냈다.

영원할 것 같은 탕후루의 열풍은 종착역에 가까워지고 있었다. 결국 탕후루 가게가 문을 닫았다. 여전히 누군가는 탕후루를 좋아하고, 시간이 지나서도 미각의 한 부분에 각인될 것이다. 모든 것이 유행하듯 음식 또한 흐름 속에서 부침을 겪는다. 어떤 것은 한때 '국민 간식'이나 '국민 음식'으로 기억 속에 남고, 다른 것은 영원한 '국민 간식'이나 '국민 음식'이 되어 늘 가까이에 있다.

중학생이던 어느 토요일, 오전 수업을 마치고 문제집을 사기 위해 아이들 몇 명과 시내에 가기로 했다. 다른 아이들은 여러 번 시내를 돌아다닌 적이 있지만, 나는 어른과 동행 없이 처음으로 가는 길이었다. 아이들과 함께 버스에 올랐지만, 긴장이 사라지지 않았다. 우리 동네에서 시내로 가는 경로가 아니기 때문에 버스에서 스치는 풍경은 무척 낯설었다. 여기가 어디인지 얼마쯤 간 것인지 전혀 가늠할 수 없어 신경은 계속해서 곤두서 있었다.

아이들과 대화하면서 긴장은 점차 설렘과 기대로 바뀌었다. 시내 서점에 가서 문제집을 사는 것이 우리 목표지만, 사실 우리에게는 다른 목적이 있었다. 그해 여름, 쉬는 시간이면 삼삼오오 모여서 이름도 생소한 '쫄면'으로 대화가 붉게 타올랐다. 이미 쫄면을 먹어 본 아이들은 굵고 옅은 노란색 면과 새콤달콤한 고추장소스를 설명하느라 상상력을 발휘하였으나 "한 번 먹어 봐. 그 맛은 먹어 봐야 안다니까. 뭔가 세련되고 젊음이 느껴지는 맛이야."로 마무리하였다. 여학생들 사이에서 시내에 가면 쫄면을 먹어야 하는 것이 불문율이 되었다. 어느 위치에 있는 분식점의 쫄면이 맛있는지까지 공유했다.

서점에서 문제집을 사고, 드디어 외출의 진짜 목적을 이룰 차례였다. 서점은 수월하게 찾았지만, 소문으로 들었던 분식점은 예상과 달리 찾기에 쉽지 않았다. 서점에서 나와 한참 걸었고, 이 골목 저 골목을 헤맸으나 해당 분식점이 눈에 띄지 않았다. 점심때가 훌쩍 지났고, 지치고 허기가 심해졌다. 조금 더 헤매다가 우리는 쫄면을 하는 어느 가게든 들어가기로 했다.

출입문에 쫄면이라고 붙어 있는 한 분식점에 들어갔다. 자리에 앉아, 쫄면을 주문했다. 긴장이 풀렸는지 한꺼번에 기운이 썰물처럼 빠져나갔다. 시선은 정면에 켜져 있는 텔레비전으로 향했다. 위성 텔레비전인지 일본의 한 예능 프로그램이 나오고 있었다. 개구리로 가득한 큰 수족관 두 개에 사람이 각각 들어갔다. 그 안에서 음식을 먹는데 수족관에서 먼저 나오는 사람이 지는 게임이었다. 수족관의 뚜껑이 열리고, 참가자가 수족관에 들어가자마자 개구리가 몸에 달라붙어 기어오르기 시작했다. 심지어 개구리는 참가자의 목과 얼굴까지 기어올랐다. 그때 참가자에게 전해진 음식은 튀긴 개구리 다리였다. 상황 자체에 비위가 상했는데, 접시에 담긴 음식을 보자 역겨움까지 밀려왔다. 개구리에 둘러싸인 참가자가 개구리를 먹는 모습에 속이 메스꺼워졌다. 보지 않으려고 해도 TV에서 들리는 소리와 유리에 반사된 영상은 피할 방법이 없었다. 배는 고프지만, 음식에 대한 욕구가 점점 사라졌다.

쫄면이 식탁 위에 놓였다. 여러 채소 위에 고추장소스가 뿌려졌고 달걀 반쪽이 올라가 있었다. 익히 들어서 상상한 모습과 흡사하지만, 몹시 이질감이 들었다. 골고루 비빈 다음, 한 입 맛을 보았다. 맛은 새콤달콤하고 면은 차갑고 탄력이 있었다. 우선 그 차가운 면이 혀에 닿는 순간 메스꺼움이 다시 올라왔다. 소스가 지나치게 새콤하고 달콤했다. 탱탱하고 굵은 면발은 오히려 딱딱하게 느껴져 맛을 더욱 낯설게 만들었다.

사실 쫄면은 잘못이 없었다. 에너지가 소진되어 기운이 떨어졌고, 여전히 켜져 있는 영상 때문에 속은 계속해서 메슥거렸다. 뜨거운 음식을 먹고 싶었으나, 처음의 목적대로 쫄면을 시켰다. 무엇보다 처음 먹는 음식에 벽을 세우는 성향이 낳은 예견된 결과였을지 모른다. 쫄면을 거의 먹지 못하고 자리에서 일어났다.

한동안 쫄면을 생각하면 개구리가 떠올라 먹지 않았다. 고등학교에 들어가면서 쫄면의 맛에 차츰차츰 길들었고, 대학생이 되면서 그 맛에 빠져들었다. 젊음의 맛이라고 표현한 그 친구의 말이 맞았다. 아삭아삭 씹히는 콩나물과 양배추, 탱글탱글한 면발에서 싱싱함이 전해졌다. 빨간 색감에 차가운 온도는 한쪽으로 치우치지 않은 이상理想을 향한 열정처럼 느껴졌다. 새콤달콤한 맛은 기대와 설렘을 함축한 가장 적합한 표현이었다.

입맛이 없을 때면 쫄면을 삶는다. 채소를 듬뿍 올리고 고추장소스로 잘 비빈 다음에 달걀 하나를 올린다. 매운맛을 극대화하고 싶을 때 청양고추를 총총 썰어 넣는다. 식탁이 빨강, 초록, 흰색, 노랑으로 화려하다. 청춘의 맛이 한 입 두 입 몸속으로 들어온다. 내리는 소나기에 이파리가 출렁이듯 시들해진 입맛이 눈을 뜬다. 청양고추로 얼얼한 입안을 달래기 위해 오렌지주스를 한 모금 마신다. 얼얼한 입안은 가라앉고 상큼함이 배가된다. 기지개를 켠 몸이 자리에서 일어날 준비를 한다.

데칼코마니

중학교에 입학한 후, 어느 조회 시간에 반 전체에게 인쇄물이 배포되었다. 국내외 작가와 대표 저서가 나열된 목록이었다. 선생님은 "여기에 있는 모든 작품을 읽지는 못하더라도 최소한 작가와 작품명은 상식 차원에서 알고는 있어야지. 조만간 확인할 거니까, 여기 목록들을 외워요."라고 말씀하셨다. 책의 내용은 모르지만, 작가의 이름과 작품명을 알게 된다는 사실만으로도 흥미로웠다.

    선생님들은 여기에 그치지 않고 한 단계 더 나아갔다. 당시 시골 중학교의 도서실에 소장한 책은 많지 않았다. 선생님들이 읽어야 할 도서를 선별해서 모든 학생이 책 한 권씩을 구매하게 했다. 우선 자신이 구매한 책을 읽고 일주일 후에 다음 번호 학생에게 책을 넘겨주고 넘겨받았다. 선생님들의 목표는 1년에 50여 권의 책을 읽는 거였다. 내게 주어진 것은 현진건의 책이었다. 「운수 좋은 날」과 「빈처」가 있는 책을 읽으면서 재밌다기보다는 안타깝고 괴로웠다. 내 것만이 아니라 다른 책들 역시 읽고 나면 비참함이 가중되었다. 행복한 결말을 선호하던 내게 책을 읽는 것 자체가 고통이었다. 점차 받은 책을 읽지 않고 다음 학생에게 전달했다. 더욱이 교과서에 수록된 소설은 일제 강점기나 한국전쟁을 배경으로 하는 작품이 많았다. 소설이란 장르는 점점 내게서 멀어졌다.

반면에 수필과 시는 위안과 재미, 교훈 등 일석삼조의 역할을 했다. 「새로운 길」, 「해마다 봄이 되면」, 「돌담에 속삭이는 햇발」 같은 시와 「방망이 깎던 노인」, 「낙엽을 태우면서」, 「삶의 광택」 등의 수필은 자극적이지 않으면서 조용히 삶의 지혜를 깨닫게 했다. 소설이 송곳으로 머리를 쉬지 않고 찔러서 신경을 곤두서게 했다면, 수필과 시는 등을 토닥여서 마음을 편안하게 했다. 시간이 갈수록 심적으로 부담이 되는 소설은 피하고, 정서적으로 안정감을 주는 시와 에세이에 관심이 갔다.

오랫동안 홀로 책을 읽다 보니, 이런 나의 성향이 강화되고 짙어져서 편독하는 습관을 고치기 어려웠다. 흔히 소설을 읽는 것이 다른 사람을 이해하고 다양한 시각을 얻을 수 있는 좋은 방법이라고 하지만, 소설을 읽고 나면 며칠은 다른 책을 읽기 쉽지 않았다. 감정 이입으로 주인공의 무게가 그대로 내게 전달되었다. 그러므로 구매하는 책도 도서관에서 대여하는 책도 소설은 늘 우선순위가 아니었다.

독서 모임에 나가면서 원하는 책만을 고집하지 않고, 여러 사람의 의견을 듣고 절충안을 받아들였다. 특히 소설을 많이 읽게 되었다. 여전히 소설은 읽기 전부터 마음을 무겁게 한다. 읽는 동안 주인공이 겪는 비애가 고스란히 전해져서 책을 덮고 싶지만, 고통에서 빨리 벗어나기 위해 오히려 더욱 속도를 낸다. 책을 끝냈지만, 등장인물의 감정과 상황이 그림자가 되어 한동안 따라다닌다. 그럼에도 책장에 소설책이 한 권 두 권 늘어갈 때마다 삶의 경험치가 축적된 것 같아 뿌듯했다. 소설 속의 인물들 모두 기억하는 것은 아니지만, 그들이 겪은 기쁨과 슬픔, 환희와 절망 등은 살아가는 데 안내자 역할을 하거나 때로는 반면교사가 된다.

음식을 먹는 것도 책을 읽는 것과 별반 다르지 않았다. 혼자 식사할 때, 데칼코마니처럼 혼자 책 읽을 때의 습관이 고스란히 드러났다. 같은 장르의 책을 읽듯 같은 종류의 음식만을 먹었다. 동일한 재료로 매번 같은 음식을 만들었다. 이런 태도를 바꾸기 위해 한때 요리책을 여러 권 구매한 적이 있다. 책에는 밑반찬부터 파티에 어울리는 음식까지 폭넓게 실려 있었다. 평소에 사용하지 않지만, 책에서 자주 언급되는 여러 소스를 구매했다. 단지 재료만 준비했을 뿐이지만, 다양한 음식을 만들 자세를 갖춘 것 같았다.

평소에 끓이던 찌개를 요리책대로 했는데, 시간이 너무 오래 걸리고 그렇다고 맛이 월등하지도 않았다. 같은 책을 사람에 따라 다르게 해석하고 음미하듯이 같은 재료가 다른 결과물이 된다는 것쯤은 안다. 그렇지만 기대에 어긋나는 맛에 실망이 점점 커졌다. 특히 음식에 자주 들어가는 특정 소스가 내 입맛에는 맞지 않았다. 몇 번은 내 솜씨를 탓하며 계속 넣었지만, 최종 상태는 늘 불만족스러웠다. 여러 소스는 유통기한이 지나서 버려지고, 요리책은 눈길이 닿지 않는 책장에 꽂히게 되었다.

음식의 선호와 취향을 바꾸는 것은 책의 호불호를 바꾸는 것만큼 어렵다. 입맛에 안 맞는 음식을 굳이 먹을 필요 없듯이 읽고 싶지 않은 책을 꼭 읽어야 하는가에 대한 의문이 다시 수면 위로 떠올랐다. 그동안 동아리에서 정한 도서 목록은 모두 읽었지만, 최근 들어서 정말로 원치 않는 책을 읽어야 할지 말지에 대한 답을 찾고 있다. 처음에는 정해진 규칙에서 벗어나기 때문에 마음이 불편했지만, 음식을 꾸역꾸역 먹을 필요 없듯이 책도 마찬가지라는 논리가 힘을 얻고 있다.

무엇보다 앞으로 내가 읽을 수 있는 수량이 한정되어 있다는 사실이 강한 동인動因이 되었다. 내가 읽을 수 있는 책이 2,000권이라면, 이것의 절반인 1,000권이거나 그 절반인 500권이라면? 이런 구체적인 숫자는 필요와 불필요를 헤아리고, 본능적으로 호불호가 판단의 기준으로 전면에 나섰다.

나이가 들수록 어렸을 때 먹었던 음식이 그리워지고

그 맛을 다시 찾게 된다. 책도 다시 혼자 읽던 습관으로 회귀하려는 게 아닌지 나 자신에게 계속해서 묻는다. 함께 식사하는 것이 관계를 돈독하게 하듯이 함께 읽는 책은 서로의 마음을 이어준다. 그렇지만 혼자 읽을 때, 느끼는 충만감을 소홀히 하고 싶지 않다.

음식이든 책이든 홀로 있기와 함께하기의 균형을 잘 맞추어 아름다운 데칼코마니를 완성하길 꿈꾼다.

닫는 글

사진 한 장의 뉘앙스

책장을 정리하다가 오래전에 읽은 지두 크리슈나무르티의 『아는 것으로부터의 자유』가 눈에 들어왔다. 오랜만에 만난 친구와 악수하듯 자연스럽게 손이 책으로 향했다. 첫 번째 이야기 「우리는 무엇을 찾고 있는가」를 짧게 훑어보다가 페이지를 빠르게 넘겼다. 책은 열한 번째 이야기 「'있는 그대로' 바라보기」에서 멈추었다. 멈춘 페이지에 남동생들과 찍은 즉석 사진이 있었다. 사진 귀퉁이에 찍힌 '2002. x. xx.' 마치 내가 이 사진을 찾고 있었다는 듯이. 우연히 찾은 사진 속의 동생들과 내가 나를 바라보고 있었다.

    드라마에서 과거로 회귀한 주인공이 자신과 합심해서 난관을 극복하는 설정은 흔하다. 과거의 나를 만나면 어떤 기분일지 궁금한 적이 있었다. 뜻밖에 만난 20여 년 전의 사진 앞에서 그 궁금증이 다소 해소되었다. 과거의 나였음에도 친밀함보다는 어색함이 더 컸다. 아마 과거의 나는 지금의 나를 훨씬 더 낯설게 느낄 거다. 조금 더 바라보고 나서야 과거의 나와 마주할 수 있었다. 그저 사진 한 장이 아니라 20여 년 전에 내가 보낸 편지였다. 까마득히 잊고 있던, 그때의 기억이 안개처럼 서서히 밀려왔다.

그날은 내 생일이었다. 저녁을 먹은 후에, 동생들과 즉석 사진관에 가서 사진을 찍었다. 내가 가운데 있고 동생들이 양쪽에 서서 정면의 카메라에 응시했다. 5월 말에 입대를 앞두고 휴학한 막내는 가지 않은 길을 가야 한다는 불안감이 있었을지 모른다. 다른 남동생은 입대 전에 다니던 회사에 복직하려면 몇 달을 기다려야 해서, 계열사의 다른 곳으로 옮기면서 보직이 바뀌었다. 경험자가 아니라 처음부터 다시 시작해야 하는 부담을 감내하고 있었다. 나는 20대를 마치고 30대로 접어들었다. 나이의 첫 자리가 2에서 3으로 바뀐다는 것만으로 심적인 압박이 있었다. 20대까지는 서툴고 실수해도 용인될 것 같지만, 30대는 더 전문적이고 실수에 무한 책임을 져야 한다는 중압감이 있었다. 20년 전의 우리는 불안, 부담, 책임이라는 무게를 품고 있었다.

찰칵! 찍혀 나온 사진은 모나리자의 모습처럼 웃는 듯 무심한 듯 살포시 미소가 번졌고, 다르게 보면 속마음을 드러내지 않으려는 다짐이 얼굴에 스쳤다. 사진 한 장씩을 나눠 가지며 그날을 마무리했다.

매일 거울에 비친 나를 마주하지만, 어느 날 아침 세월을 훌쩍 건너뛴 얼굴이 거울에 나타난다. 분명히 어제와 다르지 않은데, 그날이 그날이어서 차이를 감지하지 못하다가 그때야 불현듯 변화를 알아챈다. 분명히 하루아침에 만들어진 얼굴이 아닐 텐데 거울 속 내가 무척이나 낯설다.

어제 본 얼굴도 낯설게 느껴지는데, 20년 전의 사진 속 얼굴이 낯선 것은 당연했다. 20년 전, 카메라 앞에서 느꼈던 감정과 20년이 된 사진 앞에서 느낀 감정이 얽히고설켰다. 그때 20년 후의 나를 상상할 수 있었다면 지금과 다른 내가 되어 있을까? 예상치 못한 순간에 20년 전 나를 만나고 나서야 지금으로부터 20년 후의 나를 생각하게 되었다. 솔직히 말해서 70대가 된 나를 그리는 것은 쉽지 않을뿐더러 두렵기까지 하다. 다만 건강하기를. 후회가 적은 삶을 살기를. 작은 일에도 감사하는 마음을 품고 살기를. 지금, 이 순간을 회상하며 낯설지 않고 오랜 친구를 만나듯 반갑게 미소 짓기를.

어느 날 막냇동생이 챗GPT로 그날 셋이 찍은 사진을 애니메이션으로 바꿔서 가족 대화방에 올렸다. 애니메이션 속의 표정은 더 밝고 환하게 웃고 있었다. 처음 경험할 세계에 대한 기대감. 이전의 익숙함 대신에 새롭게 도전하는 일에 대한 자신감. 나이가 쌓인 만큼 성숙해진다는 안정감. 원본과 애니메이션 사진. 같지만, 다른 느낌을 전달하는 사진을 가만가만 들여다보았다.

어쩌면 글도 사진과 같은 뉘앙스를 담고 있을지 모른다. 실제는 A지만, 떠올리는 과정에서 Ⓐ 또는 ⓐ로 바뀔 수도 있다. 실제라는 실체는 과거에 머물러 있고 기억은 점점 희석되고 다른 색으로 채색되어 간다. 어느 때는 맑은 수채화였다가 다른 때는 강렬한 유화처럼 떠오른다. 같은 그림이지만 다른 분위기를 담아낸다.

퇴고할 때마다 글의 분위기가 조금씩 다르게 느껴졌다. 오래전 일기장을 들여다볼 때처럼 낯선 감정이 매번 여기저기서 드러났다. 여러 번 다른 느낌을 마주하고 나서야 글이 아니라 내 마음이 그려낸 차이라는 것을 알았다. 처음에는 그 차이가 신경이 쓰였지만, 나중에는 달라지는 시선이 오히려 글의 묘미처럼 보였다. 누구나 자신만의 느낌으로 글을 읽을 것이다. 마음에 전달되는 뉘앙스가 안온하길 소망한다.